C.H.BECK ◨ WISSEN

in der Beck'schen Reihe

GW00356815

Der Zweite Weltkrieg bildet die entscheidende Zäsur der Welt-geschichte im 20. Jahrhundert. Dieses Buch bietet einen Über-blick über die Ursachen, die Vorgeschichte und den Verlauf des Krieges von der Einverleibung der Mandschurei durch Japan 1931 bis zum Abwurf der Atombomben auf Hiroshima und Nagasaki 1945. Es schildert aus konsequent globaler Sicht nicht nur die Kriegsziele der großen Mächte und ihre militäri-schen und politischen Strategien, sondern behandelt ebenso die schrecklichen Verbrechen, die im Kontext dieses Krieges möglich wurden: vom Genozid an den Juden, Sinti und Roma bis zu den bisher kaum berücksichtigten Greueltaten in Ost-asien. Auf dem neuesten Forschungsstand führt dieses Buch in alle wichtigen Aspekte der Geschichte des Zweiten Weltkriegs ein.

Gerhard Schreiber war viele Jahre Mitarbeiter am Militäri-schen Forschungsamt in Freiburg. Er hat zahlreiche Publika-tionen zur Geschichte des Zweiten Weltkriegs vorgelegt und war Gutachter in Kriegsverbrecherprozessen in Deutschland und Italien. Bei Beck erschien von ihm „Deutsche Kriegsver-brechen in Italien. Täter – Opfer – Strafverfolgung" (1996).

Gerhard Schreiber

DER ZWEITE WELTKRIEG

Verlag C. H. Beck

Meinem akademischen Lehrer
Klaus-Jürgen Müller
in dankbarer Verbundenheit

Mit 4 Karten
aus: Hermann Kinder/Werner Hilgemann, dtv-Atlas Weltgeschichte.
Graphiken von Harald und Ruth Bukor
© 1964 Deutscher Taschenbuch Verlag, München

1. Auflage. 2002
2. Auflage. 2004

3. Auflage. 2005

Originalausgabe
© Verlag C. H. Beck oHG, München 2002
Gesamtherstellung: Druckerei C. H. Beck, Nördlingen
Umschlagentwurf: Uwe Göbel, München
Printed in Germany
ISBN 3 406 44764 3

www.beck.de

Inhalt

I. 1918 – Hinterlassenschaft Weltkrieg?

Endete 1945 ein zweiter Dreißigjähriger Krieg? Zuweilen wird die Frage bejaht. Die Weltkriege und die Zwischenkriegszeit stellen sich aus solcher Sicht als ein Ganzes dar, und der Ausklang des „Großen Kriegs" hätte demnach in sich geschlossen, was gut zwanzig Jahre später begann. Eine These, die im geschichtlichen Rückblick durchaus zu faszinieren vermag. Nur ist die behauptete ursächliche Vorbestimmtheit ahistorisch – unbeschadet der Tatsache, dass unter anderem gesellschaftliche, ideologische und politische Phänomene Verbindungspunkte zwischen 1914 und 1939 schufen, wie etwa der von Berlin, Rom und Tokyo vertretene Revisionismus. Er wandte sich gegen den Status quo, den die Sieger des Weltkriegs 1919/20 für Europa festgelegt, und welchen die an der Washingtoner Konferenz (12.11.21 bis 6.2.22) teilnehmenden Staaten durch mehrere Abkommen für den Fernen Osten vereinbart hatten.

Den Regierungen des geschlagenen, doch nicht substantiell geschwächten Deutschen Reichs lag in diesem Kontext bis 1933 vorrangig an der weitestgehenden Außerkraftsetzung des Versailler Friedensvertrags vom 28. Juni 1919. Für Angehörige der traditionellen Führungseliten, die mit dem großdeutschen Reichsmythos den Anspruch auf die Führung Europas aufrechterhielten, beschrieb all das freilich lediglich ein Nahziel.

Italien und Japan zählten zu den Siegern, gleichwohl enttäuschte sie der Frieden, beide wünschten umfangreiche Nachbesserungen. Gewiss, anders als Hitlers Deutschland, das die Staatenwelt umwälzende, globale machtpolitische Ziele verfolgte, strebten Rom sowie Tokyo nach regionaler Hegemonie, aber auch sie beinhaltete Unterdrückung und Ausbeutung.

Insgesamt gesehen formte sich seit Anfang der dreißiger Jahre eine krisenanfällige Weltordnung aus. Ihre konfliktäre Beschaffenheit offenbarte sich in Ostasien, im Mittelmeerraum und in Süd- sowie Osteuropa. Augenscheinlich blieben

Kriege ein Mittel der Politik. Weder der Völkerbund noch der Briand-Kellogg-Kriegsächtungspakt vom 27. August 1928 änderten daran etwas. Andererseits steht fest, dass nach 1918 keine Regierung einen neuen Weltbrand herbeizuführen beabsichtigte. Um ihn zu verwirklichen, bedurfte es des fatalen 30. Januars 1933, an dem reaktionäre Kräfte Adolf Hitler mitsamt seinen Wahnideen in Deutschland an die Macht brachten. Das berührt noch einmal die eingangs gestellte Frage.

Die Politik des nationalsozialistischen Reichskanzlers war aus einem Guss, beseelt vom Willen zum Krieg. Mittelfristig zielte sie auf die Eroberung von Lebensraum im Osten und die Errichtung eines Kontinentalimperiums. Manches von dem, was der „Führer" diesbezüglich sagte, mutet vertraut an. In Wahrheit ging es ihm jedoch um eine rassistische Neuordnung des Kontinents und einen Machtanspruch, der die Gewalt umfasste, zu bestimmen, wer überhaupt und wie in seinem Europa leben durfte. 6 850 000 Juden, Sinti, Roma und deutsche „Defektmenschen" fielen jener Anmaßung zum Opfer.

Derartiges sprengte den Rahmen, in dem Kulturvölker ihre Kriegsziele herkömmlicherweise absteckten, und schließt es definitiv aus, den Zweiten Weltkrieg als Hinterlassenschaft des „Großen Kriegs" einzuordnen. Hitlers und seiner Paladine eigentliches Wollen besaß in der – von entsetzlichen Ereignissen belasteten – Geschichte des christlichen Abendlands keine Tradition.

II. Der lange Weg in den Krieg

Die Staatenwelt erlaubte es Hitler, bis 1938 auf einer Erfolgswelle zu schwimmen, obwohl er ein Unrechtsregime errichtete, das ab 1933 Tausende von politischen Gefangenen in Konzentrationslager sperrte, die Juden ausgrenzte, entrechtete und enteignete sowie Hunderte von ihnen bis Ende 1938 ermordete. Ihm kam zugute, dass Regierungen die staatliche Souveränität prinzipiell anerkennen; wovon im Übrigen auch Benito

Mussolini, der faschistische Regierungschef Italiens, und die radikalen japanischen Imperialisten profitierten.

Dennoch ist zu fragen, warum die Westmächte der militanten Expansion der Aggressoren erst so spät Widerstand entgegensetzten. Ausschlaggebend waren wohl Bedenken, die dem Volk verantwortliche Politiker hegen, wenn über den in der Regel moralisch bestreitbaren, politisch und militärisch risikoreichen, stets kostspieligen Einsatz letzter Mittel zu befinden ist. Außerdem erinnerten sich Briten und Franzosen an ihre 2 400 000 Gefallenen sowie 5 200 000 Verwundeten im Ersten Weltkrieg. Anders als Diktaturen, die beliebig handeln, sind demokratische Regierungen einem realpolitischen Imperativ verpflichtet: Zu tun ist, was im nationalen Interesse liegt.

1. Warnende Vorzeichen

Die sich in den meisten Ländern von 1929 bis 1933 auswirkende konjunkturelle und die danach noch fortdauernde strukturelle Krise der Weltwirtschaft brachten soziale sowie ökonomische Verwerfungen, förderten das Autarkiestreben und verführten zur arbeitsintensiven Aufrüstung.

Aus solchem Blickwinkel ist die 1931 beginnende japanische Besetzung der Mandschurei zu sehen. Ein Jahr später zählte die reiche chinesische Provinz, als Satellitenstaat Mandschukuo, zu Japans Machtbereich. Das rohstoffarme, dicht bevölkerte und exportabhängige Kaiserreich verfügte damit über Bodenschätze, Siedlungsraum und einen großen Absatzmarkt.

Washington, London und Paris wähnten ihre handelspolitischen und kolonialen Belange nicht bedroht, sie reagierten daher zurückhaltend. Hingegen schloss Generalsekretär Josef W. Stalin, der die Gefahr eines Zweifrontenkriegs mit den Revisionisten erkannte, am 25. Juli mit Warschau sowie am 29. November 1932 mit Paris Nichtangriffsverträge ab.

Der Völkerbund unternahm einen Schlichtungsversuch. Japan sollte, sofern es Chinas Oberhoheit in der Mandschurei akzeptierte, dort weitgehenden Einfluss behalten. Trotzdem

9

lehnte Tokyo ab und trat, am 24. Februar des Angriffskriegs beschuldigt, am 27. März 1933 aus dem Völkerbund aus. Im Endeffekt blieb der Angreifer unbestraft.

Das Ergebnis dieser Herausforderung des Völkerbunds ermutigte Mussolini und Hitler. Letzterem ging es nach dem Regierungsantritt zunächst um die absolute Macht im Innern, die er ab August 1934 besaß, den ökonomischen Aufschwung, der sich zum Wirtschaftswunder zu entwickeln schien, und den Aufbau einer modernen, den anderen Mächten überlegenen kriegsfähigen Wehrmacht. Um das dritte Ziel nicht zu gefährden, steckte er außenpolitisch einen Kurs ab, der es gestattete, die schon in der Weimarer Republik begonnene geheime Aufrüstung solange fortzusetzen, bis die eigene militärische Stärke das Risiko von Sanktionen, das der Ausbau der Streitkräfte mit sich brachte, stark verringerte.

Dem entsprach die auswärtige Politik bis 1935, obwohl die Deutschen am 14. Oktober 1933 viel wagten: Sie verließen die Genfer Abrüstungskonferenz, deren Verlauf ihre Geheimrüstung in Gefahr brachte, und zogen aus dem Völkerbund aus. Da die Großmächte vor politischen Verwicklungen zurückschreckten, blieben Berlin nachteilige Folgen erspart.

Hitler, der grundsätzlich bilaterale Abmachungen vorzog, war somit nicht mehr in das System kollektiver Konfliktlösung eingebunden. Nach dem aufsehenerregenden Abschluss des Konkordats mit der Kurie (20.7.33) bedeutete der deutsch-polnische Nichtangriffsvertrag (26.1.34) erneut einen großen Erfolg. Der Pakt, der die Lage an der Ostgrenze entspannte, gehörte für den Diktator zur Vorbereitung des Kriegs gegen die Sowjetunion. Aber trotz des Übereinkommens mit Warschau geriet das Regime 1934 in außenpolitische Schwierigkeiten. Als Nazis am 25. Juli 1934 den österreichischen Bundeskanzler Engelbert Dollfuß ermordeten, drohte kurzzeitig sogar ein bewaffneter Konflikt mit dem ideologisch verwandten Italien.

Beruhigung hätte der 1. März 1935 bringen können, an dem das Saargebiet ins Reich zurückkehrte. Hitler nutzte das Ereignis jedoch nicht, um einzulenken, vielmehr beantwortete er das korrekte Verhalten des Völkerbunds bei der Volksabstimmung an der Saar (13.1.35) mit weiteren Vertragsverletzungen. Am 9. März wurde der Aufbau der Luftwaffe enttarnt, am 16. die Wiedereinführung der allgemeinen Wehrpflicht bekanntgemacht. Es kam zu Reaktionen. Frankreichs Ministerpräsident Pierre-Etienne Flandin, Englands Premierminister James Ramsay MacDonald und Mussolini berieten (11. bis 14.4.35) in Stresa über Gegenmaßnahmen. Ihre Abschlusserklärung fiel eindeutig aus. Auch der Völkerbund verurteilte das deutsche Vorgehen. Im Mai unterschrieben Prag, Paris und Moskau Beistandsverträge. Zeichnete sich ein internationaler Abwehrblock ab, die von Hitler be- und gefürchtete „Einkreisung"?

Der Schein trog, denn London, das seine sich ankündigende Gefährdung durch Deutschlands See- und Lufrüstung begrenzen wollte, schloss am 18. Juni mit Berlin ein Flottenabkommen. Zwar sicherte dieses der *Royal Navy* auf absehbare Zeit eine beruhigende Überlegenheit, aber die Deutschen, die Großbritannien langfristig als Gegner anvisierten, störte das nicht weiter, schließlich konnten sie in den folgenden Jahren vertragstreu ein Rüstungsniveau erreichen, das es ihnen gestatten würde, bei Folgeverhandlungen ihre Seestreitkräfte als Druckmittel einzusetzen.

Mussolini wechselte ebenfalls den Kurs. Er wollte der seit ihrem Entstehen im 19. Jahrhundert instabilen italienischen Großmacht echte Stärke zuwachsen lassen: durch Expansion im mittelmeerischen Raum. Die Zielpunkte lagen im adriatisch-balkanischen Gebiet sowie in Nord- und Ostafrika, wo das Regime einen Krieg gegen das Völkerbundsmitglied Äthiopien vorbereitete. Trotzdem gaben die Franzosen im Januar 1935 grünes Licht für die Aggression. Die Engländer sperrten sich jedoch.

Erst jetzt näherte sich der „Duce" dem „Führer", der ihn ermutigte. Italiens Bindung in Afrika ermöglichte es nämlich, den deutschen Einfluss im anzuschließenden Österreich und im außenwirtschaftlich wichtigen Südosten, wo Berlin die Vormacht anstrebte, zu festigen. Ein langer afrikanischer Krieg diente also den eigenen Interessen, was Hitler bewog, beide Parteien insgeheim durch Waffenlieferungen zu unterstützen.

Ohne Kriegserklärung marschierten annähernd 500 000 Soldaten am 3. Oktober 1935 von Somalia und Eritrea aus in Äthiopien ein, das etwa 250 000 Mann zu mobilisieren vermochte. Es begann ein ungleicher Krieg, bei dem die Italiener rund 340 Tonnen Giftgas einsetzten. Sie beklagten 9000, die Äthiopier – mit Zivilisten – 275 000 Opfer. Am 5. Mai 1936 kapitulierte Addis Abeba, woraufhin Rom das „Impero" proklamierte. Der Konsens zwischen dem faschistischen Regime und der italienischen Bevölkerung erreichte seinen historischen Höhepunkt.

Im äthiopischen Fall verhängte der Völkerbund im November 1935 Sanktionen. Dass sie Italien nicht in die Knie zwangen, verdankte Rom dem unterschiedslosen materiellen Profitstreben der Mächte. Und im Juli 1936 wurde jedem Land freigestellt, den in Ostafrika gewaltsam herbeigeführten Zustand anzuerkennen – eine politische sowie moralische Bankrotterklärung.

Die durch Mussolinis Krieg bewirkte internationale Lage ausnutzend, marschierte die Wehrmacht am 7. März 1936 ins entmilitarisierte Rheinland ein. Deutsche Kommissstiefel zertrampelten den am 1. Dezember 1925 unterzeichneten Vertrag von Locarno, der den Frieden sicherer gemacht und die Verständigung zwischen Paris und Berlin auf den Weg gebracht hatte. Hitlers Coup war gewagt, aber für den von ihm geplanten Krieg benötigte er das Rekruten- sowie Rüstungspotential des Ruhrgebiets und eine Verteidigungslinie direkt vor der Grenze zu Frankreich. Erneut ging seine Rechnung auf. London machte gute Miene zum bösen Spiel, und Paris, das gern etwas unternommen hätte, traute sich allein nicht. Die Verurteilung durch den Völkerbund? Ritual!

Deutschlands Propaganda feierte die Remilitarisierung des Rheinlands – bedeutsame Weichenstellung auf dem Weg in den Krieg – als Erringen der „Rüstungsfreiheit". Mit einem Vierjahresplan (September 1936) beabsichtigte das NS-Regime, die Rüstung zu intensivieren und effizienter zu machen.

Das tatsächlich Gewollte brachte eine Denkschrift Hitlers auf den Punkt: Binnen vier Jahren sollte die Wirtschaft kriegs- und die Wehrmacht einsatzfähig sein.

Der Spanische Bürgerkrieg, der am 17. Juli 1936 mit dem Umsturz nationalistischer Offiziere begann und am 28. März 1939 mit ihrem Sieg endete, stellte die Handlungsfähigkeit der Staatenwelt erneut auf die Probe. Aus ideologischen, militärischen, wirtschaftlichen und außenpolitischen Gründen unterstützten Berlin sowie Rom die Putschisten. Der Republik standen Moskau und die internationalen Brigaden bei, in denen Männer und Frauen aus 53 Nationen kämpften. Rund 500 000 Leben kostete der barbarische Krieg. Gefangene wurden massakriert, Frauen vergewaltigt und Männer entmannt. Es kam zu Exzessen und Erniedrigungen jeder Art – auch mit dem Segen der Kirche, falls es sich bei den Opfern um Kommunisten handelte.

Die spanische Tragödie bestärkte die Revisionisten in ihrer Geringschätzung der Demokratien. Hitler ging erstmals auf Distanz zu seinem früheren Wunschpartner. Am 25. Oktober 1936 wies er, bei der Unterzeichnung der deutsch-italienischen Protokolle, Außenminister Graf Galeazzo Ciano auf die Notwendigkeit eines antibritischen Offensivbündnisses hin. Ein Jahr später waren die Briten für ihn „Hassgegner". Mussolini feierte die Vereinbarungen, die eine engere Kooperation begründeten und sein Land bündnispolitisch aufwerteten, am 1. November 1936 als *Achse* Berlin-Rom. Damals entstand zudem der ursprünglich gegen Moskau gerichtete, essentiell auf London zielende Antikominternpakt, den Berlin am 25. November 1936 mit Tokyo abschloss. Rom trat dem Abkommen am 6. November 1937 bei und fünf Wochen danach aus dem Völkerbund aus.

Als das weltpolitische Dreieck Berlin-Rom-Tokyo Gestalt annahm, tobte in Asien ein von Japan im Juli 1937 ausgelöster Krieg. Es ging um wirtschaftliche Großraumplanung, und China sollte dabei Tokyos „Neue Ordnung" aufgezwungen werden. Im Frühjahr 1939 erstarrten die Fronten. Die Invasoren hielten zu jener Zeit 1 700 000 km² in Nord- und Mittelchina besetzt, aber die Verteidiger entzogen sich geschickt der Vernichtung. Zudem verbündeten sich die Kommunisten Mao Tsetungs und die Nationalchinesen Chiang Kaisheks, obwohl zutiefst verfeindet, zur Abwehr der Aggressoren. Auch in der durch Flächenbombardierungen und Gräueltaten terrorisierten Bevölkerung – die Eroberer massakrierten allein in Nanking im Dezember 1937 rund 200 000 Chinesen – wuchs der Widerstand.

Alle Regierungen wussten um die Massentötungen von Kriegsgefangenen, die systematischen Vergewaltigungen und die vielen anderen Bestialitäten. Die Scheußlichkeit der Verbrechen entsetzte die Welt, aber keine Macht griff ein. Nur die Zeit arbeitete für China, denn die japanischen Falken manövrierten sich zunehmend ins weltpolitische Abseits.

2. Das Schicksalsjahr 1938

Hitler wiederum änderte 1938 seine Ostasienpolitik. Er opferte den wirtschaftlich wichtigen Chinahandel und anerkannte Tokyos Hegemonialstellung. Das passte zu der 1936 eingeleiteten bündnispolitischen Neuorientierung. Durch die verstärkte Zusammenarbeit mit Japan sollten die Westmächte und die Sowjetunion zur Zurückhaltung gegenüber dem Reich bewegt werden, das sich – im Windschatten der Kriege in Europa und Asien – anschickte, jenen zentraleuropäischen Machtkern zu schaffen, der als Vorstufe der Kontinentalherrschaft galt.

Dazu gehörte der am 13. März 1938 vollzogene Anschluss von Österreich. Er brachte Deutschland Produktionskapazitäten, Energiereserven, Rohstoffe, Facharbeiter sowie Gold und Devisen, wovon Wien 1938 fast doppel soviel besaß wie Berlin. Geostrategische Positionsverbesserungen traten hinzu: direkter Zugang zum Südosten und Einkreisung der Tschechoslowakei.

Seit 1937 beurteilte Hitler dieses wehrwirtschaftlich bedeutende Land in erster Linie unter dem Aspekt eines Westkriegs, bei dem es eine Gefahr im Rücken der Wehrmacht darstellte.

Am 30. Mai befahl er den Generälen, ab 1. Oktober 1938 für die „Zerschlagung" der Tschechoslowakei bereit zu sein. Außenpolitische Isolierung und Destabilisierung im Innern sollten dafür die Voraussetzungen schaffen. Als Vehikel diente ihm die deutsche Minderheit, organisiert in der Sudetendeutschen Partei. Am Ende gelang es, eine Krise in Gang zu setzen und bis zur Kriegsgefahr zu steigern. Premierminister Arthur Neville Chamberlain traf sich daraufhin am 15. September mit Hitler auf dem Obersalzberg, um eine Lösung des sudetendeutschen Problems zu finden. Danach bewegten Briten und Franzosen die Tschechen dazu, Gebiete, in welchen der Anteil der Deutschen an der Bevölkerung mehr als die Hälfte betrug, an das Reich abzutreten. Das Treffen in Bad Godesberg (22. bis 24. 9.) schien unter einem guten Stern zu stehen. Es endete hingegen mit einem Eklat. Hitler konfrontierte Chamberlain ultimativ mit neuen, unerfüllbaren Forderungen. Er wollte den Krieg! Eine Handvoll deutscher Offiziere sowie Diplomaten erkannte das und versuchte, ihn an seinem Vorhaben zu hindern – anlässlich der Sudetenkrise formierte sich erstmals ein nennenswerter, im Hinblick auf Motive und Zielsetzungen freilich sehr uneinheitlicher Widerstand.

Paris, London und Prag (letzteres schon am 23. September) leiteten Mobilmachungsmaßnahmen ein. Auf deutscher Seite bezogen sieben Angriffsdivisionen ihre Ausgangsstellungen. Europa stand am Rande der Katastrophe. Angesichts dieser Gefahr übernahm der „Duce" als Strohmann deutsch-britischer Geheimdiplomatie die Vermittlerrolle. Engländer, Franzosen, Italiener und Deutsche trafen sich Ende September 1938 in München, um einen Ausweg zu suchen. Das gelang – zu Lasten der Tschechoslowakei! Die Resultate der Konferenz schwächten das Land wirtschaftlich, bewirkten seine innere Auflösung und machten es verteidigungsunfähig, weil der Festungsgürtel in den Sudetengebieten verloren ging. Dagegen erhielt das Dritte Reich ein weiteres Mal Industriekapazitäten, Rohstoffe, Energievorräte und Facharbeiter. Unter machtpolitischen und großraumwirtschaftlichen Aspekten fiel ins Gewicht, dass Berlin nach der Einverleibung Österreichs und

des Sudetenlands eine wachsende Anziehungskraft auf südost-
europäische Länder ausübte.

Hitler hat der Ausgang des Treffens trotzdem enttäuscht. Er
hätte eine kriegerische Lösung bevorzugt: Nicht zuletzt deshalb, weil er begriff, dass das Vorgehen der Appeasementpoli-
tiker, die sich der Beschwichtigung ebenso bedienten wie
der Abschreckung und inzwischen den Rüstungsvorsprung
der Wehrmacht verkürzten, nicht unbedingt Schwäche ausdrückte.

Dass London und Paris das Schweigen der Waffen 1938
teuer erkauften, widerspricht dem nicht. Glaubte man doch,
das Münchener Abkommen (30. 9. 38) hätte den Krieg verhindert und garantierte den Zustand, den gerade die Briten
für die Wahrung ihrer Weltmachtstellung sowie die Sicherung
des Empires benötigten. Deshalb erschien der Preis annehm-
bar. Appeasement war eben keine Spielart des Altruismus,
sondern eine pragmatische Strategie im Dienste nationaler
Interessen, die mit politischen und wirtschaftlichen Gegenmaßnahmen auf die Herausforderung durch die Aggressoren
antwortete. Sie bezweckte, diese in das Regelwerk internationaler Konfliktlösung einzubeziehen und so zu kontrollieren. Chamberlain glaubte, das erreicht zu haben. Was er
nicht ahnte – Hitler hatte Mussolini noch vor Konferenz-
beginn mitgeteilt, dass der Krieg gegen Briten und Franzosen unvermeidbar sei. Der Diktator unterstellte damals, dass
ihm die britische Regierung, obwohl sie seit November 1937
einen Interessenausgleich anbot, weiterhin die freie Hand
auf dem Kontinent verweigern würde. Demgemäß agierte
er. Drei Wochen nach München erfolgte sein nächster Wort-
bruch.

Ab dem 21. Oktober planten die Militärs die „Erledigung
der Resttschechei" und die „Inbesitznahme des Memellan-
des". Wiederum blieb ihnen der Kampf erspart. Litauen musste die ultimativen Forderungen erfüllen, deutsche Truppen
marschierten am 23. März ins Memelgebiet ein. Gegenüber
Prag bediente sich Berlin des slowakischen Separatismus. Am
15. März, einen Tag nach Bratislavas Souveränitätserklärung,

wurde Staatspräsident Emil Hácha unter Androhung militärischer Gewalt genötigt, einen Diktatvertrag zu unterschreiben, der Böhmen und Mähren zum „Reichsprotektorat" herabwürdigte. Deutschland griff erstmals nach Territorien, die jenseits seiner nationalstaatlichen Grenzen lagen. Vom Erfolg überwältigt schwärmte Hitler am 15. März auf der Prager Burg: „Ich lobe mich ja nicht, aber hier muß ich wirklich sagen, das habe ich elegant gemacht". Das Verhalten der Regierungen in London und Paris schien ihm Recht zu geben. Zwar lehnten es beide ab, die Auflösung des tschechischen Staates als Fait accompli hinzunehmen, aber die Beziehungen zu Berlin brachen sie nicht ab, da Chamberlain und dem französischen Ministerpräsidenten Edouard Daladier noch immer daran lag, den Frieden so lange wie möglich zu erhalten. Der „Führer" betrieb das genaue Gegenteil. Diesbezüglich zogen die Nazis großen Gewinn aus tschechischen Devisen- und Goldbeständen, Rohmaterialien, Rüstungsbetrieben sowie Nahrungsmitteln. Überdies erfuhr die Kriegsvorbereitung einen kräftigen Schub, da der Wehrmacht militärische Ausrüstung, leichte sowie schwere Waffen in riesigen Mengen in die Hände fielen; darüber hinaus erweiterte der Satellitenstaat Slowakei das Gebiet für den Aufmarsch gegen Polen.

3. Der Entschluss zur Aggression

Bei Hitlers Entscheidung, den Krieg 1939 zu entfesseln, wirkten mehrere Faktoren zusammen. Gesichert erscheint, dass der 50 jährige „Führer" aus einem subjektiven und einem objektiven Grund Zeitdruck empfand. Er meinte, keine hohe Lebenserwartung zu haben, und wusste, dass die verstärkt aufrüstenden Gegner den von der Wehrmacht mühsam gewonnenen Vorsprung aufholten. Ferner befand sich das Reich wirtschafts- und finanzpolitisch in einer prekären Lage. Auf keinen Fall ließen sich eine Konsumgüterherstellung, die den Erwartungen der Bevölkerung genügte, und eine der Kriegsplanung adäquate Rüstungsfertigung auf Dauer gleichzeitig aufrechterhalten.

Im Ganzen steht fest, dass Hitler nach der Zerstörung der Tschechoslowakei den Zeitpunkt gekommen sah, das zu tun, was er gemäß eigener Aussage am liebsten tat – va banque spielen! Hierbei wollte der Diktator zunächst seine mittelfristigen Ziele durchsetzen, da er dies keinem Nachfolger zutraute. Deutschland wäre demnach – neben den Vereinigten Staaten, Großbritannien und Japan – schrittweise zur vierten Weltmacht aufgestiegen. Es hätte Kontinentaleuropa bis zur Linie Volga-Archangel'sk beherrscht und ein afrikanisches Kolonialreich besessen, das sich vom Atlantischen bis zum Indischen Ozean ausdehnte.

Dieser Planung entsprach das erneute *Angebot* an Warschau vom 21. März: Anerkennung der polnischen Westgrenze, des Weichsel-Korridors, des Freihafens in Danzig und der Gebietsansprüche in der Ukraine. Der Gegendienst: Eindeutschung der unter Völkerbundsaufsicht stehenden Freien Stadt Danzig und eine exterritoriale Straßen- sowie Bahnverbindung nach Ostpreußen. Das Land sollte ferner das Aufmarschgebiet für den Ostkrieg zur Verfügung stellen oder, im Fall eines vorhergehenden Westkriegs, Rückendeckung gewähren.

Als Warschau am 26. März ablehnte, erteilte Hitler am 3. April die Weisung, „Fall Weiß", den Angriff auf Polen vorzubereiten, der ab 1. September 1939 jederzeit machbar sein musste. Er wollte den Krieg – möglichst ohne britische Beteiligung. In der Folgezeit bemühte man sich, Polen international zu vereinsamen, die eigene Bevölkerung für und das Ausland gegen den Krieg einzunehmen, Friedensbemühungen abzublocken und die für die etappenweise Programmverwirklichung günstigste Mächtegruppierung zustande zu bringen.

Nach dem 15. März 1939 begann das Finale des jahrelangen Ringens zwischen Friedenspolitikern und Kriegstreibern. Großbritannien führte die Demokratien an, Frankreich, innerlich schwach und als Militärmacht ebenso überschätzt wie Polen, spielte lediglich die zweite Geige. Dabei wechselte die Regierung Chamberlain, obwohl grundsätzlich gesprächsbereit, die politische Methode. Sie antwortete nun auf alle Ak-

tionen, die ihr zu Recht oder zu Unrecht als friedensgefähr-
dend erschienen, mit entschlossenen Maßnahmen. Zu solchen
Reaktionen zählten die britisch-französische Garantieerklärung vom 31. März für die polnische Unabhängigkeit sowie
das Ausdehnen der Garantie, nur sechs Tage nach der italienischen Invasion am 7. April in Albanien, auf Rumänien und
Griechenland. Auch die mit Ankara am 12. Mai unterzeichnete Beistandserklärung, der sich Paris etwas später anschloss,
gehörte zu jener Politik. Bestandteile des britischen Abschre-
ckungsszenarios bildeten ferner die Einführung der allgemeinen Wehrpflicht (26.4.39), das Vorantreiben der Heeres-
rüstung sowie der Luftabwehr und der Aufbau einer antideutschen Defensivallianz in Osteuropa. Sie scheiterte spätestens
im August 1939 in allen denkbaren Varianten am Misstrauen
der zu schützenden Staaten hinsichtlich des Einsatzes der
Roten Armee auf ihrem Territorium.

Bereits vorher, im Juli, gerieten auf nachgeordneter Ebene
geführte deutsch-britische Expertengespräche in eine Sackgas-
se. Denn London ließ zwar Bereitschaft zu großmütigen wirtschaftlichen und politischen Abmachungen erkennen, bestand
aber darauf, dass alle Gebietsveränderungen friedlich erfolgen
müssten. Unannehmbar für Hitler, der sein Lebensraumpro-
gramm nur mit Gewalt verwirklichen konnte. Im Hinblick
darauf gab sich der „Führer", der am 28. April den Nichtangriffsvertrag mit Polen und das Flottenabkommen mit England gekündigt hatte, kompromisslos. Er beharrte auf seiner
Planung, und für die erwies es sich als vorteilhaft, dass Polen
geostrategisch isoliert dastand. Zudem kam ab Mitte März,
weil Stalin Verständigungsbereitschaft signalisierte, vielversprechende Bewegung ins deutsch-sowjetische Verhältnis.

Auf den Westen bezogen erklärte Hitler am 23. Mai 1939
vor den Spitzen der Wehrmacht, das Reich werde äußerstenfalls sogar die Herausforderung durch London und Paris
annehmen. Doch er hoffte, eine britisch-französische Inter-
vention verhindern zu können. Das schien am erfolgver-
sprechendsten durch ein deutsch-italienisch-japanisches Bündnis möglich zu sein. Die Einbeziehung Moskaus wurde unter-

schiedlich beurteilt. An sich glaubte Berlin, dass bereits ein Dreimächtepakt Briten und Franzosen vom Krieg fernhalten würde, da er für ihre Seeverbindungen und Kolonien eine ständige latente Bedrohung darstellte, sie also selbst dann zur Kräftezersplitterung zwang, wenn Italien und Japan nicht sofort aktiv eingriffen.

In der Annahme, dass Deutschland bis 1943 den großen Konflikt vermeiden würde, schloss Rom am 22. Mai 1939 mit Berlin ein fast uneingeschränktes Militärbündnis ab: den *Stahlpakt*. Dagegen zögerten die in der Bündnisfrage gespaltenen Japaner. Einigkeit herrschte bei ihnen nur hinsichtlich der antisowjetischen Ausrichtung des Pakts. Das änderte sich nach dem 20. August, an dem Stalins Fernostarmee der Kwantung-Armee in der mongolisch-mandschurischen Grenzregion von Nomonhan-Haruha eine herbe Niederlage beibrachte. Die kaiserlichen Generäle sahen ein, dass sie der Roten Armee nicht Paroli bieten konnten. Praktisch beendete der Waffenstillstand vom 15. September 1939 die strategischen Planungen für eine Nordexpansion. Das Inselreich, insbesondere seine Marineführung, favorisierte zunehmend ein antiwestliches Ausgreifen nach Süden.

Noch vor dem japanischen Desaster unterzeichneten Reichsaußenminister Joachim v. Ribbentrop und Vjaceslav Michajlovic Molotov, Volkskommissar für Auswärtige Angelegenheiten, am 23. August den „Nichtangriffsvertrag zwischen Deutschland und der Union der Sozialistischen Sowjetrepubliken". In einem geheimen Zusatzprotokoll teilten die Diktatoren, deren Zusammenfinden allgemein schockierte und Kommunisten wie Nazis auf das Äußerste irritierte, Ostmitteleuropa unter sich auf. Moskaus Einflusszone umfasste Finnland, Estland, Lettland und Bessarabien, die von Berlin Litauen samt Wilnaer Gebiet. Die Linie Narew-Weichsel-San sollte die beiderseitigen Interessensphären im noch zu teilenden Polen scheiden.

All das harmonierte mit Stalins realpolitisch begründeten Zielen: Umzeichnung der politischen Landkarte von der Ostsee bis zum Schwarzen Meer, Zeitgewinn für Industrialisierungs- und wirtschaftliche Modernisierungsvorhaben, Intensivierung der Aufrüstung und Herstellen einer Lage, in der Moskau – ohne notwendigerweise militärisch einzugreifen – unter abgekämpften Gegnern zum entscheidenden Gewicht werden und so in Osteuropa die Rückkehr zum Status quo ante verhindern würde.

Bei Hitler lagen dem Vertragsabschluss, der erst nach einem am 19. August besiegelten Handels- und Kreditabkommen zustande kam, situationsbedingte Motive zugrunde: Neutralisation der einzigen Macht, die Polen direkt unterstützen konnte, Vermeiden eines langen Zweifrontenkriegs, sichere Nahrungsmittel- und Rohstoffversorgung, Aufbau einer Mächtekonstellation, die Paris und London vom Eingreifen abzuschrecken versprach. Zugleich sollte der Nichtangriffsvertrag, den Hitler – am Ziel der Eroberung von Lebensraum im Osten festhaltend – sozusagen mit Stalin gegen die Sowjetunion abschloss, im eigenen Lager die Skeptiker gegenüber den deutschen Siegeschancen überzeugen. Am wichtigsten erschien ansonsten, dass der Pakt eine Neutralitätsverpflichtung enthielt, die Angriffe auf Drittländer möglich machte. Demgegenüber war belanglos, dass Tokyo protestierte und seine Beziehungen zu Berlin einen Tiefpunkt erreichten. Denn verglichen mit dem Vertrag wäre jedes deutsch-japanische Militärbündnis von minderer strategischer Qualität gewesen.

Die letzte Augustwoche sah Friedensappelle, Vermittlungsangebote, Täuschungsmanöver, Einschüchterungsversuche und Mobilmachungsmaßnahmen. Am 25. schürzt sich der Knoten des Dramas. Hitler befiehlt, Polen am nächsten Morgen anzugreifen. Die Soldaten marschieren bereits, als Mussolini mitteilt, er müsse, da Italien nicht kriegsbereit sei, neutral bleiben. Zu guter Letzt geht noch die Nachricht vom britisch-polnischen Beistandspakt ein. Der Angriffsbefehl wird zurückgenommen.

Saß der „Führer" in der Flaute? Keineswegs! Hitler pokerte lediglich noch einmal. Gewiss, die Truppenbewegungen wurden angehalten. Das geschah aber allein deshalb, weil die

Generäle, denen sich die Chance bot, die noch nicht abge-
schlossene Mobilmachung weiter voranzutreiben, dies für
machbar hielten. Kurzum, der „Führer" inszenierte ein Ver-
wirrspiel, um die britisch-französisch-polnische Allianz doch
noch zu spalten. Als sich zeigte, dass das nicht glückte, befahl
er am 31. August, am folgenden Tag anzugreifen. SS-Männer
täuschten polnische Grenzverletzungen vor, um die Aggression propagandistisch als Gegenaktion hinstellen zu können –
es kam zu ersten Morden. Ein entfesselter Krieg nahm seinen
Lauf, dessen Beginn zum Urverbrechen wurde, das alle kom-
menden Verbrechen ermöglichte.

4. Die Kriegsentfesselung

Am Morgen des 1. September fiel die Wehrmacht – ohne die
völkerrechtlich zwingend vorgeschriebene Kriegserklärung –
in Polen ein. London und Paris verlangten umgehend die Einstellung der Kampfhandlungen und den Rückzug der deutschen Truppen aus polnischem Gebiet. Da die entsprechenden
Noten unbeantwortet blieben, forderte man Hitler zwei Tage
später ultimativ auf, eine diesbezügliche Zusicherung ab-
zugeben. Als die Frist verstrichen war, erklärten sich Großbritannien, Frankreich, Australien, Indien und Neuseeland am
3. September als mit dem Deutschen Reich im Kriegszustand
befindlich. Die Südafrikanische Union folgte am 6. und Ka-
nada am 10. September.

Der Diktator erließ sofort Aufrufe an das Volk und an
die Partei, in denen er behauptete, Deutschlands „jüdisch-
demokratischer Weltfeind" sei für den Krieg verantwortlich. Als Konsequenz hatte er in seiner Reichstagsrede vom
30. Januar 1939 die „Vernichtung der jüdischen Rasse in
Europa" vorhergesagt; und das meinte Hitler ernst. Der Völkermord an den europäischen Juden stellte – neben der Eroberung von Lebensraum im Osten als Voraussetzung für den
Griff nach der Weltherrschaft – sein zweites eigentliches Ziel
dar. Die Verwirklichung begann mit dem Einmarsch in Polen:
durch Erschießungen und administrative Maßnahmen.

Über die interne Reaktion auf die alliierten Kriegserklärungen gibt es unterschiedliche Aussagen. Joseph Goebbels, Reichsminister für Volksaufklärung und Propaganda, notierte am 4. September in seinem Tagebuch, der „Führer" sei „sehr zuversichtlich" und rechne im Westen, bis zum Sieg über Polen, mit einem „Kartoffelkrieg". In der Tat hoffte Hitler Anfang September, dass die Briten und Franzosen einlenken würden. Eine Illusion, da – wie der Staatssekretär des Auswärtigen Amts Ernst v. Weizsäcker bereits am 5. des Monats in seinen „Papieren" ahnungsvoll schrieb – nicht angenommen werden dürfe, dass die „Gegner" mit Hitler und Ribbentrop „Frieden" schließen. Weizsäcker behielt Recht. Zwar gab es wiederholt Bemühungen, einen Kompromiss- oder Sonderfrieden zu erreichen, aber wegen der Natur der Auseinandersetzung und der Grundhaltungen der Hauptakteure hatten solche Versuche bis zuletzt definitiv keine Aussicht auf Erfolg.

Hitler, der gemeinsam mit militärischen, diplomatischen, wirtschaftlichen und wissenschaftlichen Repräsentanten deutscher Revanche- sowie Aggressionspolitik 79 Monate lang einen Krieg vorbereitete, den er dann – ohne die ursprünglich vorgesehenen Pausen – rund 68 Monate führte, befand sich im Sommer 1939 am Ziel. Doch entgegen seiner Annahme weitete sich der Überfall auf Polen sofort zur Auseinandersetzung mit den beiden mächtigsten Weltreichen aus. Allein die britischen Dominions, Kolonien und Mandate umfassten ein Viertel des Erdballs. Es trat hinzu, dass die Sympathien der offiziell neutralen Amerikaner nicht den Deutschen gehörten. Letztere folgten ihrem „Führer" loyal in einen Krieg, für den der Wehrmacht das strategische Konzept fehlte.

Somit triumphierten am 1. September 1939 die Kriegstreiber über die Friedenspolitiker. Den „Appeasern" war es nicht gelungen, den Krieg abzuwenden, was nicht bedeutet, dass sie ihn ermöglichten. Wer ihrer Politik gerecht werden will, muss sich fragen, welche Alternativen wann angemessen und bei Berücksichtigung der militärischen Fakten, der wirtschafts- und innenpolitischen Gegebenheiten, der internationalen Lage sowie der nationalen Interessen mit welchen Folgen durchsetzbar gewesen wären. Auf die historische Situation bezogen und eingedenk der Tatsache, dass, solange Hitler an den Schalthebeln der Macht saß, der Krieg nur hinausgezögert, aber auf Dauer nicht verhindert zu werden vermochte, fällt die Bilanz der Appeasementpolitik nicht schlecht aus.

Hätte der Diktator die Aggression 1939 auch ohne den Pakt mit Moskau gewagt? Mit letzter Sicherheit lässt sich diese Frage nicht beantworten. Unstrittig ist hingegen, dass der machiavellistische Realpolitiker Stalin, der wie jeder Politiker zuerst an das eigene Land dachte, durch seinen Beitrag zur deutschen wehrwirtschaftlichen Stabilisierung die Schwelle zum Krieg tief absenkte. Dennoch lag es ausschließlich bei Hitler, den entscheidenden Schritt zu tun. Er tat ihn aus eigenem Antrieb, ohne objektive Notwendigkeit, und keiner hat ihn arglistig dazu verführt.

III. Nebenkriege, die nichts entscheiden

Das Reich, das seit dem 1. September einen Krieg führte, der, so der Philosoph Karl Jaspers, in „Ursprung und Durchführung verbrecherische Tücke und bedenkenlose Totalität des Vernichtungswillens" ausdrückte, und in dem die „Wehrmacht als Organisation" es übernahm, „Hitlers verbrecherische Befehle auszuführen", mobilisierte ungefähr 4 600 000 Mann. Von den 103 Divisionen des Feldheeres lagen 43 Infanteriedivisionen, darunter 21 mit geringer Kampfkraft, an der Westgrenze zwischen Nordhorn und Basel. Im Osten standen 55 Großverbände sowie kleinere Einheiten, Teile der SS-Verfügungstruppe (ab Ende 1939 Waffen-SS) und slowakische Kontingente. Das Heer galt noch nicht als uneingeschränkt kriegsbereit, außerdem führten knappe Ressourcen immer wieder zu Engpässen bei Bevorratung und Ergänzung. Aber die Truppe verfügte über eine hohe Erstschlagkapazität.

Frankreich stellte 94 Divisionen mit knapp 5 000 000 Mann auf. Personell, materiell und waffentechnisch waren sie den deutschen in etwa gleichwertig. Und im September trafen erste Teile des britischen Expeditionskorps auf dem Kontinent ein. Es wuchs bis zum Mai 1940 auf rund 400 000 Mann an, die sich auf 13 Divisionen mit zum Teil geringer Kampfkraft verteilten. Insgesamt standen 1939 in Großbritannien 1 270 000 Männer unter Waffen.

Deutschlands Luftwaffe besaß im Ganzen 4093 Frontflugzeuge, darunter 1542 Bomber, 771 Jäger und 408 Zerstörer. Die *Royal Air Force* – 1460 Frontflugzeuge – konnte mindestens 536 Bomber sowie 608 Jäger einsetzen. Zu den 1735 französischen Frontflugzeugen gehörten 590 Jäger und 643 Bomber.

Mit 2 Schlachtschiffen, 3 Panzerschiffen, einem Schweren Kreuzer, 6 Leichten Kreuzern, 21 Zerstörern, 12 Torpedo- und 57 U-Booten war die Kriegsmarine klar unterlegen. Die *Royal Navy* umfasste 15 Schlachtschiffe, 7 Flugzeugträger, 15 Schwere und 49 Leichte Kreuzer, 192 Zerstörer sowie 62 U-Boote. Frankreichs Marine meldete 7 Schlachtschiffe, einen Flugzeugträger, 7 Schwere und 11 Leichte Kreuzer, 61 Zerstörer, 12 Torpedo- sowie 79 U-Boote einsatzbereit. (Im Übrigen ist zu den bis jetzt zitierten und den noch zu nennenden Zahlen anzumerken, dass in der Regel auch andere, abweichende Zahlenangaben existieren. Zu berücksichtigen ist ferner, dass Truppen, leichte sowie schwere Waffen, Flugzeuge und Kriegsschiffe qualitativ nicht ohne weiteres gleichzusetzen sind.)

1. Der polnische Krieg

Am 1. September traten 1 500 000 Deutsche, überlegen an Artillerie und Panzern, gegen 1 300 000 Polen (37 Divisionen und 13 Brigaden) an, wobei die Zahl der Kampftruppen erheblich niedriger lag. Veraltete polnische Flugzeuge flogen chancenlos gegen die Maschinen der Luftwaffe. Die bedeutungslosen Seestreitkräfte fielen nicht ins Gewicht.

Zwei Heeresgruppen mit 54 Divisionen, davon sechs Panzerdivisionen, operierten aus Pommern, Schlesien, der Slowakei sowie Ostpreußen auf die polnische Hauptstadt. Diese kapitulierte am 27. September, die Festung Modlin, ebenfalls ein Zentrum des Widerstands, am Tag darauf. Letzte Truppen ergaben sich am 6. Oktober. Rund 90 000 Mann entkamen in Nachbarländer. Von dort schlug sich das Gros nach Frankreich durch, wo 1940 circa 84 000 Polen auf alliierter Seite kämpften.

Dass die Westmächte trotz der Schwerpunktbildung des deutschen Heeres im Osten in der Defensive verharrten, erklärt sich teilweise mit Frankreichs Mobilmachungssystem, dem Festhalten an überholten taktischen und operativen Führungsgrundsätzen, der Überschätzung des Gegners sowie den Erfahrungen des Ersten Weltkriegs. Jene legten es nahe, zunächst hinter der Maginotlinie, einem Elsass-Lothringen schützenden Befestigungsgürtel abzuwarten. Zudem respektierten Briten sowie Franzosen die Neutralität der Beneluxstaaten, und die wäre bei einem Angriff, der den von Basel nach Kleve verlaufenden deutschen Westwall im Norden umgangen hätte, verletzt worden. Ausschlaggebend dürfte jedoch gewesen sein, dass der Oberbefehlshaber der alliierten Landstreitkräfte, General Maurice-Gustave Gamelin, eine Strategie bevorzugte, die auf den langen Krieg und die Ermattung des Gegners setzte.

Der Erfolg im ersten von fünf Nebenkriegen (Polen, Skandinavien, Westen, Balkan sowie Nordafrika), die Hitler vor dem Überfall auf die Sowjetunion, der seinen Hauptkrieg eröffnete, führte, beruhte primär auf waffentechnischer, materieller und operativer Überlegenheit, dem schnellen Ausschalten der gegnerischen Luftwaffe und dem Antreten aus günstigen Ausgangsstellungen.

Um „Blut" zu sparen, hatten die Deutschen auf ein frühes Eingreifen der Sowjets gedrängt. Vier Gründe dürften Stalin davon abgehalten haben: Die Entscheidung in Ostasien, die den Zweifrontenkrieg endgültig ausschloss, fiel erst Mitte September; der schnelle deutsche Vormarsch überraschte; die Mobilisierung der eigenen Truppen bereitete Probleme; und Stalin, der glauben machen wollte, dass es ihm nur um zwischen Warschau und Moskau umstrittene Gebiete ging, beabsichtigte, frühestens dann zu handeln, wenn Polen als Staat so gut wie nicht mehr existierte. Das war am 17. September der Fall, als sich die polnische Regierung außer Landes begab, und nun marschierte die Rote Armee.

Frühzeitig teilten sich die Aggressoren die Beute. Ribbentrop und Molotov unterschrieben am 28. September einen Grenz- und Freundschaftsvertrag, der die Demarkationslinie im „bisherigen" polnischen Staat bestimmte. Moskau erhielt Ostpolen. Auch Litauen, ausgenommen der Landzipfel von Suwalki, gehörte fortan zu seiner Interessensphäre. Als Kompensation bekam das Reich, dem West- und Zentralpolen zufielen, Teile der Woiwodschaften Warschau und Lublin, also Gebiete, die an den Bug grenzten. Der deutsche Machtbereich wurde dadurch um maximal 450 km nach Osten ausgedehnt.

Westpolen gliederten die Nazis als Reichsgaue Danzig-Westpreußen und Wartheland ins deutsche Staatsgebiet ein. Mit den Regierungsbezirken Zickenau und Kattowitz, die Ostpreußen respektive Schlesien zufielen, umfassten jene Landesteile 90 000 km^2 (9 745 000 Einwohner). Das restliche polnische Territorium bis zur Demarkationslinie mit der Sowjetunion machten die Deutschen zum „Generalgouvernement", 98 000 km^2 mit annähernd 12 000 000 Bewohnern. Es diente zur Aufnahme deportierter Menschen, vor allem von Juden, der Ausbeutung und Beschaffung von Arbeitssklaven.

Ein Krieg war beendet, zu dessen Wesen Hitler, am Vorabend des Pakts mit Stalin, vor den höheren Befehlshabern von Heer, Luftwaffe und Marine samt Stabschefs sowie den Amtschefs des Oberkommandos der Wehrmacht apodiktisch festgestellt hatte: Die zu praktizierende Kriegführung müsse brutal, ohne Mitleid und von größter Härte sein. Der „Führer" strebte keinen europäischen Normalkrieg an, vielmehr gab er als Ziel die „Beseitigung der lebendigen Kräfte" Polens, die „Vernichtung" des Landes vor. So geschah es. Die oberste militärische Führung widersetzte sich nicht.

Deswegen protestierte der Oberbefehlshaber Ost, Generaloberst Johannes Blaskowitz, vergeblich beim Oberbefehlshaber des Heeres, Generaloberst Walther v. Brauchitsch, gegen das „Abschlachten" von „Juden und Polen". Gleiches gilt für den Widerspruch hoher Frontbefehlshaber im Osten und Westen gegen das verbrecherische Handeln von sechs „Einsatzgruppen der Sicherheitspolizei" (rund 2700 Mann, verteilt auf 16 Einsatzkommandos) und einer „Einsatzgruppe z.b.V.", die im Operationsgebiet dem Heer unterstanden. Sie nahmen massenhaft Juden, Angehörige des Klerus, des Adels sowie der polnischen Intelligenz gefangen, die sie als so genannte reichs- und deutsch-feindliche Elemente deportierten oder ermordeten. Aber nicht nur die Schergen Heinrich Himmlers, Reichsführer SS und Chef der deutschen Polizei, sondern auch Wehrmachtangehörige töteten unschuldige Zivilisten, brannten beliebig Synagogen, Bauernhöfe und ganze Ortschaften nieder, misshandelten Gefangene sowie wehrlose Zivilisten, vergewaltigten Frauen, plünderten Haushalte und Geschäfte.

Faktum ist ferner, dass die Polen, um deren Schicksal sich der deutsche Normalbürger wenig scherte, nach dem Sieg als Untermenschen angesehen und dementsprechend behandelt worden sind. Der deutsch-polnische Krieg und die nachfolgende Besatzungsherrschaft entwickelten sich – historisch gesehen – zum Modellfall für die Zerstörung Europas durch die nazistische, ideologisierte Kriegführung.

Was unter anderen Blaskowitz anprangerte, betraf einige zehntausend Menschen, doch Brauchitsch verhielt sich ganz im Sinne der Hitlerschen Polenpolitik. Wie viele andere teilte er wohl die Auffassung des „Führers", dass der „Stärkere" das „Recht" auf seiner Seite habe. Das Völkerrecht berücksichtigten die Nazis, wenn überhaupt, nur nach eigenem Ermessen.

Stellungnahmen wie die des Oberbefehlshabers Ost erbosten Hitler. Nicht zufällig ernannte er Himmler am 7. Oktober zum „Reichskommissar für die Festigung des deutschen Volkstums", zuständig für die rassistische Umsiedlungs-, Germanisierungs- und Ausrottungspolitik in den von der Wehrmacht besetzten Ländern. Bei der programmatisch beabsichtigten Ermordung der europäischen Juden bestand zwischen diesen Tätigkeitsfeldern ein unmittelbarer Zusammenhang.

In jenem Oktober wurde außerdem Hitlers – auf den 1. September zurückdatierter – Erlass herausgegeben, der die als Euthanasie bezeichnete *Ausmerzung* von *lebensunwertem Leben* sanktionierte. Ein seit langer Zeit geplantes Verbrechen, dessen Verwirklichung der Krieg ebenso möglich machte wie den Völkermord an den europäischen Juden. Circa 120 000 kranke sowie behinderte Menschen ließ das Regime durch Gas, Gift, Verhungern oder Erschießen umbringen, und das führte zu Protesten der Bevölkerung sowie beider Kirchen. Die Nazis unterbrachen daraufhin die Krankentötung Ende 1941, ohne sie vollkommen aufzugeben. Ansonsten scheint das Morden Hitlers Ansehen bei den Volksgenossen nicht beeinträchtigt zu haben.

In seiner Rede am 6. Oktober 1939 forderte er London und Paris auf, die Vernichtung des polnischen Staates anzuerkennen. Das hätte die Polen, deren nationale Belange die Exilregierung von General Wladyslaw Sikorski vertrat, deutscher sowie sowjetischer Willkür ausgeliefert. Kein Wunder, dass Ministerpräsident Daladier und Premierminister Chamberlain das Ansinnen am 10. beziehungsweise 12. Oktober zurückwiesen. Alle Signale standen auf Westkrieg. Der „Führer", so der Tagebucheintrag von Goebbels am 14. Oktober, sei „froh, dass es nun gegen England losgehen" werde. In der Tat erließ Hitler drei Tage nach besagter Rede die Weisung Nr. 6 zur Vorbereitung des Angriffs im Westen.

2. Zwischenspiele in Skandinavien

Und Stalin? Er nutzte die Lage, um sich gegen Überraschungen im deutsch-britisch-französischen Konflikt abzusichern. Dazu gehörte die rücksichtslos vollzogene Annexion von 201 000 km^2 polnischen Territoriums mit 11 700 000 Einwohnern. Es kam zu brutalen Aktionen gegen die Oberschicht und Intelligenz, zur Ermordung von in Gefangenschaft geratenen Offizieren sowie Polizisten und zu gewaltigen Bevölkerungsverschiebungen. Stalins Absicherungsstrategie umfasste darüber hinaus den Abschluss von Beistandspakten mit den baltischen Staaten, die zugleich Stützpunkte an die Sowjetunion abzutreten hatten.

Als Helsinki ein ähnliches Verlangen zurückwies, täuschte Moskau einen Grenzzwischenfall vor und griff am 30. November an. 1 200 000 Rotarmisten, die über 3000 Panzer verfügten, taten sich erstaunlich schwer im Kampf mit 200 000 Verteidigern. Nichtsdestoweniger musste das Land am 13. März 1940 einen Diktatfrieden akzeptieren, der ihm zehn Prozent des Staatsgebiets nahm und 400 000 Finnen zu Flüchtlingen machte.

Die Alliierten erwogen damals ein Engagement in Finnland, um das Reich vom schwedischen Erz abzuschneiden. Das hätte zwar Krieg mit Moskau bedeutet, aber es wäre möglich gewesen, die kaukasischen Erdölfelder zu bombardieren und gemeinsam mit der sowjetischen die deutsche Ölversorgung zu treffen. Das Projekt scheiterte schon in der Planungsphase, ein Fehlschlag, der Ministerpräsident Daladier das Amt kostete. Am 21. März 1940 folgte ihm Paul Reynaud nach.

Zusammen mit dem Westfeldzug bereiteten die Deutschen ab Ende 1939 die Invasion in Dänemark und Norwegen vor („Fall Weserübung"), wobei Hitlers Weisung Nr. 10 a (1.3.40) drei strategische Zielsetzungen nannte: Gewährleistung der Erzzufuhr aus Schweden, Erweiterung der Ausgangsstellung für die Kriegführung gegen Großbritannien und Kontrolle der Ostseezugänge. Langfristig sollten Norwegen und Dänemark ins deutsche Kontinentalimperium eingegliedert werden. Goebbels vertraute seinem Tagebuch am 9. April 1940 an, dass der „Führer" die „beiden Länder" nie wieder herausgeben würde.

Am selben Tag begann die Wehrmacht ihre gewagte triphibische Operation. Zügig besetzte sie Dänemark, doch die Kampfhandlungen in Norwegen dauerten zwei Monate. Hierbei vermochten sich im Süden gelandete britische Einheiten nicht zu halten, was zu Chamberlains Rücktritt (10.5.) und zur Bildung einer Allparteienregierung unter Winston S. Churchill führte. Dagegen gelang es der britisch-französisch-norwegisch-polnischen Allianz im Norden, am 28. Mai Narvik zurückzuerobern. Einzig wegen der Entwicklung in Frankreich mussten die Operationen zur Befreiung des Landes am 8. Juni abgebrochen werden. Zwei Tage später kapitulierten Norwegens Streitkräfte, König Haakon VII. begab sich samt Regierung ins Exil.

Die personellen und materiellen Verluste fielen auf beiden Seiten sehr hoch aus, insbesondere die Kriegsmarine war durch „Weserübung" im Mark getroffen. Angesichts der Einbußen fragt es sich, ob das Unternehmen, trotz wirtschaftlicher Gewinne sowie der Positionsverbesserung im Zufuhrkrieg gegen Großbritannien und die Sowjetunion (ab 1941), nicht einen Pyrrhussieg bedeutete. Schließlich blieben im Norden bis zu 350 000 Besatzungssoldaten gebunden, und eventuell hätte der Westfeldzug die Erzzufuhr ohnehin sichergestellt. Nicht von der Hand zu weisen ist jedenfalls, dass sein Ausgang den operativen Wert der norwegischen Stützpunkte verringerte, da die Wehrmacht Basen an der Kanal- und Atlantikküste gewann. Erst der Beginn der Ostfeldzugs wertete Norwegen für die Seekriegführung wieder auf.

3. Der Westfeldzug

Hitler fing seinen dritten Nebenkrieg an, als der zweite noch fortdauerte. Aufgrund der Wetterverhältnisse, der Vorbehalte seiner Militärs und anderer Faktoren sah er sich gezwungen, den Termin für den bereits 1939 beabsichtigten Angriff 29mal zu verschieben. Auf die Planung und die Vorbereitung des Westfeldzugs wirkte sich das positiv aus. Allerdings nahm die wachsende Solidität der operativen Konzeption der 1939/40 in erster Linie militärfachlich motivierten Opposition den Wind aus den Segeln.

Als der „Sitzkrieg" im Westen am 10. Mai in den Bewegungskrieg überging, verfuhr die Wehrmacht nach einem brillanten, aber risikoreichen operativen Plan. Am Ende verdankten die Generäle ihren Sieg nicht zuletzt dem Umstand, dass dem Gegner genau die Fehler unterliefen, die er machen musste, damit der Zwei-Phasen-Feldzug des Generalstabs –

„Fall Gelb" sowie „Fall Rot" – zum erfolggekrönten Unterfangen werden konnte.

Das militärische Konzept für Fall „Gelb": Vernichtung der in Nordfrankreich, Belgien und Holland dislozierten alliierten Truppen durch zwei raumgreifende, die Neutralität der Beneluxstaaten missachtende operative Bewegungen, die sich zu einer gewaltigen Kesselschlacht entwickelten. Das hieß Durchbruch im Frontabschnitt Aachen-Nordsee sowie weiträumige Umfassung des Gegners in Form eines Vorstoßes via Ardennen, über die Maas und entlang der Somme an die Kanalküste.

Luxemburg fiel am 10. Mai. Die Streitkräfte der Niederlande kapitulierten am 15. des Monats. Fünf Tage danach erreichten deutsche Panzer den Kanal. Sie näherten sich Dünkirchen, als Generaloberst Gerd v. Rundstedt, der Oberbefehlshaber der Heeresgruppe A, den Vormarsch der Panzergruppen, um die Angriffsverbände zu ordnen, mit einem Aufschließ-Befehl anhielt. Hitler bestätigte die Maßnahme am 24. Mai durch seinen Halt-Befehl, doch die Entscheidung über das erneute Antreten überließ er Rundstedt. Und der wartete allzu lang. Als die Panzer am 27. Mai marschierten, glich Dünkirchen einer Festung, die Rückführung der Truppen funktionierte.

Viele Briten zweifelten Ende Mai an der Rettung des Expeditionskorps, nie zuvor befand sich Großbritannien in einer ähnlich prekären Lage. Trotzdem sprachen sich der Premierminister sowie die Mehrheit des Kabinetts am 28. Mai, als Belgien kapitulierte, nach fünftägigen, sehr schwierigen Sitzungen für die rücksichtslose Fortsetzung des Kampfes aus. Eine Entscheidung, die es rechtfertigt, den Sommer 1940 als Wendepunkt des zweiten „Großen Kriegs" zu bezeichnen.

In Dünkirchen gelang es den Alliierten, die 64 000 Fahrzeuge und 2500 Geschütze zurückließen, bis zum 4. Juni 216 000 britische sowie rund 123 000 französische Soldaten zu evakuieren. Ein äußerst wichtiger Erfolg, den man nicht Hitler, sondern Rundstedt verdankte. Die massiert eingesetzte Luftwaffe vermochte seinen Fehler nicht wettzumachen.

Am 5. Juni trat Fall „Rot" ein. Ziel: Umzingelung der von Sedan längs der Maginotlinie bis zur Schweizer Grenze aufgestellten Teile des französischen Heeres. Zugleich stießen Truppen an die Küsten vor. Und doch glückte es, 192 000 britische, französische, polnische, tschechische und belgische Soldaten sowie 50 000 Zivilisten über See abzutransportieren.

Um sich die Mitsprache bei den erwarteten Friedensverhandlungen zu sichern, trat das bis dahin „nichtkriegführende" Italien am 10. Juni in den Krieg ein. Sein Heer, 73 Divisionen, umfasste 1 688 000 Mann. Die Luftwaffe zählte 84 000 Soldaten und 2350 Frontflugzeuge (1500 moderne). Eindrucksvoll präsentierte sich die Marine, 159 000 Angehörige, 4 Schlachtschiffe, 7 Schwere sowie 12 Leichte Kreuzer, 125 Zerstörer und Torpedoboote sowie 113 U-Boote.

Frankreichs Soldaten leisteten in der zweiten Phase des Westfeldzugs vergeblich zähen Widerstand. Angesichts der militärischen Entwicklung drängte die Mehrheit des Kabinetts, das nach dem Fall von Paris am 14. Juni in Bordeaux residierte, auf das Einstellen der Kampfhandlungen. Ministerpräsident Reynaud erklärte daher am 16. des Monats seinen Rücktritt. Der Nachfolger, Marschall Henry Philippe Pétain, schloss am 22. Juni mit den Deutschen, die Nordfrankreich mitsamt der Küste bis zur spanischen Grenze okkupierten, und zwei Tage später mit den Italienern, die einen schmalen Grenzstreifen in den französischen Alpen besetzten, Waffenstillstand. Im davor liegenden – bis an die Rhone reichenden – Gebiet gab es eine entmilitarisierte und eine italienisch kontrollierte Zone. Das französische Kolonialreich, welches mit der 127 000 Mann zählenden *Armée d'Afrique* sowie den 45 000 in Syrien und bis zu 100 000 in Indochina stationierten Soldaten dem Marschall unterstellt blieb, schied aus dem Krieg aus. Deutschland annektierte im August (de facto) das Elsass, Lothringen und Luxemburg.

Pétains Regime, das Sitz in Vichy nahm, herrschte in den unbesetzten Landesteilen. Hitler gestand ihm ein unzulänglich bewaffnetes und nicht motorisiertes Freiwilligenheer (90 000 Soldaten), eine kleine Luftwaffe (10 000 Mann sowie 200 veraltete Maschinen) und die eingeschränkte Verfügung über die praktisch eingemottete Flotte zu. Den Abschluss eines Friedensvertrags, der ihn gezwungen hätte, seine wahren Absichten offenzulegen, lehnte er ab.

Mit Pétain konkurrierte General Charles de Gaulle. Die Tatsache, dass die Briten sein „Nationalkomitee des Freien Frankreich" am 28. Juni anerkannten, hinderte sie nicht daran, im Juli 1940 französische Kriegsschiffe in Mers-el-Kebir (Oran) und Dakar anzugreifen. London befürchtete den Zugriff der Deutschen auf jene Einheiten und nahm deshalb bei der Aktion den Tod französischer Marineangehöriger in Kauf: im Ganzen 1300 Mann. Alles in allem blieb de Gaulle, unbeschadet des Einsatzes schwacher freifranzösischer Kräfte gegen Vichytreue Truppen in Syrien (Juni 1941), bis zur Landung in Nordafrika im November 1942 militärisch so gut wie bedeutungslos.

Rein operativ betrachtet stellte der Westfeldzug einen deutschen Triumph dar. Die Popularität des „Führers" erreichte ihren Zenit. Freilich, von dem am 10. Mai an der Westfront versammelten militärischen Potential ausgehend, hätte der Waffengang bei etwas weniger Fortune von Hitlers Generälen auch anders verlaufen können. Standen doch 94 (mit Reserven und einer polnischen Division 104) französischen, 13 britischen, 22 belgischen und 8 holländischen Divisionen lediglich 118 der Wehrmacht gegenüber. Ferner boten die Westmächte 14034, die Deutschen hingegen nur 7378 Geschütze auf, sogar an Panzern zeigten sie sich überlegen: 3383 zu 2445. Und die Ergebnisse der Luftkämpfe sprachen ebenfalls nicht für deutsche Superiorität. Vieles deutet jedenfalls darauf hin, dass die Alliierten nicht wegen des Materials unterlagen, sondern weil ihre militärische Führung überholten operativen Grundsätzen anhing, die Zusammenarbeit von Heer und Luftwaffe im Gefecht nicht beherrschte und ihre Panzer, statt sie massiert einzusetzen, in Bataillonsstärke auf die Infanteriedivisionen verteilte. Unglaublich, dass drei in Reserve gehaltene schwere Panzerdivisionen nie geschlossen an die Front gelangten.

IV. Weichenstellungen für Hitlers Hauptkrieg

Der Sieg im Westen erhob Deutschland zum kontinentaleuropäischen Hegemonialstaat außerhalb des sowjetischen Einflussbereichs. Hitler hoffte, dass das Vereinigte Königreich die Situation anerkennen und ihm Rückenfreiheit für seinen Hauptkrieg gewähren würde. Doch die Regierung Churchill, die sich sieben Wochen vorher bedingungslos für die Verteidigung der Freiheit entschieden hatte, wies Hitlers „Appell an die Vernunft" vom 19. Juli zurück. Großbritannien dachte nicht daran, sich der Ungnade des „Führers" auszuliefern. Es war der Tag, an dem der amerikanische Präsident Franklin D. Roosevelt die „despotischen Mächte" in einer Rundfunkansprache mit bis dahin unbekannter Schärfe verurteilte.

Militärisch konzentrierte sich London auf Invasionsabwehr, See- und Luftkriegführung. Außenpolitisch besaß das Sicherstellen der lebensnotwendigen Unterstützung durch die Vereinigten Staaten Vorrang, und diesbezüglich tauchte im vierten Quartal 1940 ein Problem auf: Großbritannien, das die in den Vereinigten Staaten gekauften Waren und Güter größtenteils bar bezahlen musste, drohte Zahlungsunfähigkeit. Churchill sandte daher Roosevelt – nach dessen Wiederwahl am 5. November 1940 – eine ungeschminkte Lagebeschreibung. Diese brachte Gespräche in Gang, die zum Leih-Pacht-Gesetz führten, das am 11. März 1941 in Kraft trat. Es ermächtigte den Präsidenten, Ländern, deren Verteidigung ihm für die nationale Sicherheit wichtig erschien, praktisch unentgeltlich Kriegsmaterial und Versorgungsgüter zur Verfügung zu stellen. Bis 1945 bekamen 38 Regierungen Hilfeleistungen, die sich – auf die Kaufkraft im Jahr 1995 bezogen – auf 42 bis 50 Billionen US-Dollar beliefen. London vermochte nun umfangreiche Bestellungen aller Art aufzugeben, ohne sofort über die Bezahlung nachdenken zu müssen. Allerdings drängte Washington auf handelspolitische Zugeständnisse, etwa die uneingeschränkte Öffnung der Märkte. Hinzu kamen ein Technologietransfer und Rohstofflieferungen aus britischen und französischen Kolonien in die Vereinigten Staaten im Wert von circa acht Billionen US-Dollar.

1. Deutschlands Wendung nach Osten

Churchills diplomatischer Erfolg erlangte für den Kriegsverlauf unschätzbare Bedeutung. Gleichwohl gilt, dass die deutsche Strategie, die von isolierten Feldzügen ausging, schon im Juni 1940 scheiterte, als die Briten, trotz ihrer schweren Niederlage auf dem Kontinent, ganz allein weiterkämpften.

Um aus dem entstandenen Dilemma herauszukommen, beschloss Hitler am 31. Juli 1940, die Sowjetunion programmgemäß, wenn auch vorzeitig, im Frühjahr 1941 anzugreifen. Er wollte also nötigenfalls sogar einen Zweifrontenkrieg in Kauf nehmen. Ohne sich zeitlich festzulegen, hatte Hitler im Juni 1940 erstmals die Rede auf den Ostkrieg gebracht, obwohl er damals noch ein deutsch-britisches Übereinkommen erwartete. Und der mit dem NS-Lebensraumprogramm bestens vertraute General der Artillerie Franz Halder, Generalstabschef des Heeres, ließ seit dem 19. Juni unaufgefordert die Planstudie „Otto" erstellen. Diese untersuchte zwar einen Angriff mit begrenztem Ziel, aber dennoch konnte der Oberbefehlshaber des Heeres, Generalfeldmarschall v. Brauchitsch, als ihn der „Führer" am 21. Juli mit Planungen für die Lösung des „russischen Problems" beauftragte, auf Halders Vorarbeiten zurückgreifen. Auf der Grundlage von „Plan Otto" fußte die operative Planung des Ostkriegs – „Fall Barbarossa". Der Diktator unterschrieb die entsprechende Weisung am 18. Dezember 1940. Das bedeutet, dass seit dem 31. Juli der nicht mehr angehaltene *Countdown* für seinen Hauptkrieg lief.

Hier ist anzumerken, dass die Schweiz sowie Liechtenstein von Hitlers Entschluss profitiert haben dürften. Denn der Generalstab des Heeres prüfte ab dem 25. Juni auch die Erfordernisse einer überfallartigen Besetzung der beiden Länder. Obwohl die Deutschen das Vorhaben wegen der veränderten strategischen Lage am 11. November 1940 auf unbestimmte

Zeit zurückstellten, blieb die Inbesitznahme Liechtensteins und der Schweiz bis zum Herbst 1944 eine ernsthafte Eventualität. Als ähnlich gefährdet galt Schweden. Selbst Portugal, Spanien sowie die Türkei erschienen zeitweise bedroht.

Die genannten neutralen oder nichtkriegführenden Mächte, die im Übrigen nicht nur den deutschen Markt bedienten, hatten Druck aus Berlin in der Regel nachzugeben. Wahr ist aber ebenfalls, dass ihnen das nicht besonders schwer fiel, brachte doch der Export ins Reich enorme Gewinne.

Im Hinblick auf die Ende Juli getroffene Entscheidung beweisen die „Monologe im Führerhauptquartier" und andere Quellen, dass diese ideologisch, imperialistisch sowie situativ motiviert war. 1940 begründete Hitler den Entschluss, die Sowjetunion anzugreifen, mit der Annahme, dass Churchill nur deshalb nicht klein beigebe, weil er das Eingreifen Roosevelts und Stalins erwarte. Jene Hoffnung werde *Downing Street* nach dem Sieg im Osten begraben müssen, da der mit der sowjetischen Niederlage einhergehende Machtzuwachs der Japaner die Amerikaner vom militärischen Engagement in Europa abhalten würde. Am 4. Februar 1945 diktierte der „Führer" Bormann ins Protokoll, sein „unerschütterlicher Wille, das Weltjudentum und seine Macht in ihren Wurzeln auszurotten", also Hitlers ideologisches Hauptmotiv, sei dafür ausschlaggebend gewesen, dass Churchill ein Übereinkommen mit ihm ablehnte. Und im September 1941 monologisierte er über imperialistische Aspekte seiner Strategie: Der „Ostraum" sei Deutschlands „Indien". Dort lockten Bodenschätze, Nahrungsmittel und die „geborene Sklaven-Masse" der „Slawen", sein Besitz verschaffe Autarkie, mache Europa zum „blockadefestesten Raum", entscheide den „Kampf um die Hegemonie in der Welt".

All das entsprach Hitlers Programm und Vernichtungsbesessenheit gegenüber den Juden, was er am 25. Oktober 1941 in seinem Hauptquartier einmal mehr bekundete. In der Sowjetunion könne man jene „Verbrecherrasse" in den „Morast schicken", also „ausrotten" – wie er es am 30. Januar 1939 im Reichstag „prophezeite" und später wiederholt verkündete.

Zudem bot der Osten ab Juni 1941 eine Alternative zum Madagaskar-Projekt, das im Sommer 1940, als England den Krieg fortsetzte, undurchführbar geworden war. Geplant hatten SS und Auswärtiges Amt ein polizeistaatlich organisiertes gigantisches Ghetto, ein Megakonzentrationslager für rund vier Millionen nach Madagaskar zu deportierende und dort streng zu isolierende Juden. Das Regime hätte sie mittelfristig beliebig als Faustpfand gegenüber den Vereinigten Staaten zu benutzen vermocht. Ihre auf lange Sicht wohl bezweckte, in den Planungsunterlagen jedoch nicht ausformulierte Vernichtung durch Arbeit, Klima und Hunger hätte sich methodisch, nicht aber im Hinblick auf die mörderische Absicht von dem unterschieden, was seit dem September 1939 in Europa geschah und ab Juni 1941 eine grauenvolle Ausweitung erfuhr.

2. Großbritannien in der deutschen Strategie

Die Reichsführung, die den Zweifrontenkrieg vermeiden wollte, beabsichtigte, London vor Beginn des Ostkriegs doch noch zum Nachgeben zu bewegen. Um entsprechenden Druck auszuüben, boten sich an: Zufuhrkrieg sowie Belagerung Großbritanniens durch See- und Luftstreitkräfte, Bombardieren von Rüstungsbetrieben und Ballungsgebieten, Invasion in Südengland, Wegnahme Gibraltars sowie Beteiligung an einer italienischen Offensive gegen Ägypten. Erörtert wurde ferner ein antibritischer Kontinentalblock, der sich maximal – Moskau eingeschlossen – von Madrid bis Tokyo erstrecken sollte.

Die seit Mitte Juli vorbereitete „Landungsoperation gegen England", Unternehmen „Seelöwe", hätte die Wehrmacht überfordert. Hitler akzeptierte das Ende des Monats, die Operation entfiel also nicht erst, als im September der Verlust der Luftschlacht über der Insel feststand.

Eine Beteiligung deutscher Truppen an den Kämpfen in Nordafrika oder an Operationen gegen Gibraltar scheiterte 1940 an der ablehnenden Haltung Roms und Madrids.

Der mit Überwassereinheiten, U-Booten sowie Flugzeugen geführte Zufuhrkrieg erwies sich für die Briten als besonders gefährlich. Doch am Ende vermochte auch er das Vereinigte Königreich, das 1939 über eine gewaltige Handelsflotte mit knapp 18 Millionen Bruttoregistertonnen verfügte, nicht in die Knie zu zwingen, obgleich die Verluste an britischem (ab Dezember 1941 alliiertem) Handelsschiffsraum die Neubauten bis Juli 1942 übertrafen. Um eine bessere Geleitsicherung zu erreichen, bekam London am 4. September 1940 für Stützpunkte in der Karibik 50 alte US-Zerstörer. Im Ganzen siegten Briten und Amerikaner, die auf Konvoischutz und Seeblockade setzten, in der Atlantikschlacht vor allem aufgrund der Perfektionierung technischer Entwicklungen wie Radar und Sonar, der Luftherrschaft, ihrer leistungsstarken Werftindustrie sowie der sehr wirksamen Entschlüsselung gegnerischer Funksprüche.

Großbritannien gelang es im Mai 1940, in den Funkverkehr der Luftwaffe und ein Jahr später in den der Kriegsmarine einzubrechen. London verfügte daraufhin in aller Regel rechtzeitig über wertvollste Informationen hinsichtlich der deutschen Land-, Luft- und Seekriegführung, die es gestatteten, das im Krieg operativ oft entscheidende Überraschungsmoment zu nutzen. Die Mitarbeiter des dafür zuständigen (ULTRA genannten) besonderen Nachrichtendienstes, in dem die Briten militärische Funksprüche der Deutschen sowie Italiener, die Amerikaner (nach dem Kriegseintritt) die der Japaner dechiffrierten, beeinflussten durch ihre Arbeit, gemeinsam mit MAGIC (so lautete der Deckname für die ab September 1940 mögliche Entschlüsselung japanischer diplomatischer Nachrichten) den Verlauf des Kriegs: ULTRA und MAGIC erleichterten den alliierten Sieg, kriegsentscheidend wirkten sie sich aber ebenso wenig aus wie irgendein anderes Einzelelement.

3. Dreimächtepakt und Kontinentalblock

Für Hitlers Diplomatie reichte es nach dem Westfeldzug nur zum schon 1939 diskutierten Dreimächtepakt. Mit seinem Abschluss bestätigten sich Berlin, Rom sowie Tokyo am

27. September gegenseitig die Anerkennung der in Europa und Ostasien zu schaffenden „Neuen Ordnung". Ungarn, Rumänien, die Slowakei, Bulgarien sowie Jugoslawien traten dem Abkommen zwischen dem 20. November 1940 und dem 25. März 1941 bei.

Der Dreimächtepakt sollte bereits begangene sowie geplante Aggressionen absichern. Deshalb drohten die Achsenmächte den Vereinigten Staaten im Artikel III des Vertrags unausgesprochen mit dem Zwei-Ozeane-Krieg. Sie wollten Roosevelt so vom kriegerischen Einschreiten in Europa und Asien abschrecken. Propagandistisch geriet die Sache zum Ereignis, nur hatten die Vertragspartner die militärische Bündnisverpflichtung nicht so eindeutig geregelt wie sie vorgaben, behielt sich doch Tokyo auch im Bündnisfall vor, autonom zu entscheiden, ob es Washington den Krieg erklären werde oder nicht.

Bei den Vorhandlungen bekundete Japan Interesse an den Gebieten östlich von Burma bis Niederländisch-Indien und nördlich von Neukaledonien. Langfristig visierte die japanische Führung, die China, die Mandschurei sowie ihr Mutterland als Rückgrat des künftigen Lebensraums ansah, einen noch wesentlich größeren Herrschaftsbereich an. Er hätte Indien, Burma, Thailand, Französisch-Indochina, Frankreichs pazifische Inseln, Britisch-Malaya, Britisch-Nord-Borneo, Niederländisch-Indien, die Philippinen, unter Mandatsverwaltung stehende ehemals deutsche Inseln, Australien und Neuseeland umfasst.

Aus verhandlungstaktischen Gründen sowie rein theoretisch akzeptierten die Japaner, dass Indien, für den Fall der Realisierung von Viermächtepakt oder großem Kontinentalblock, dem sowjetischen Interessenbereich zugesprochen werden würde. Allerdings trat bei Gesprächen, die Hitler vom 22. bis zum 24. Oktober 1940 mit dem Vizepräsidenten des französischen Ministerrats, Pierre Laval, mit Spaniens Staatschef Francisco Franco y Bahamonde und mit Marschall Pétain führte, zutage, dass sich ein solches Vorhaben nicht verwirklichen ließ. Bereits der zwischen Franzosen, Italienern sowie Spaniern herzustellende Interessenausgleich, bei dem es vor allem um Französisch-Nordafrika ging, hätte die Quadratur des Kreises verlangt, von Hitlers geheim gehaltener „Neuen Ordnung" und den sowjetischen Zielsetzungen ganz zu schweigen.

Erwogen wurde die Teilung der Welt in von Berlin, Moskau, Rom, Tokyo und Washington beherrschte Großräume. Bei Licht besehen zeigt sich freilich, dass ein Kontinentalblock, der die Sowjetunion einbezog, für Hitler höchstens als machtpolitische Übergangslösung in Frage gekommen wäre. Er hätte so auf das amerikanisch-britische Zusammenrücken und die Tatsache reagieren können, dass der See- und der Luftkrieg gegen das Inselreich nicht die gewünschte Wirkung erzielten.

Italiens Angriff auf Griechenland, der die militärische Schwäche des Achsenpartners aufdeckte, mag dazu beigetragen haben, dass sich der „Führer" Ende Oktober vom ungeliebten Kontinentalblock verabschiedete. Seine wahre Einstellung zu dem Projekt erhellt ansonsten aus der Tatsache, dass die diesbezüglich angestellten Überlegungen zu keinem Zeitpunkt zu einer Unterbrechung oder veränderten Dringlichkeit der im Generalstab des Heeres und im Oberkommando der Wehrmacht vorangetriebenen Planungen für den Ostfeldzug führten.

Noch ehe Molotov am 12. und 13. November die Reichshauptstadt besuchte, in der ihn nicht nur das winterliche Wetter kühl empfing, beseelte wieder die aggressive Ostpolitik die deutsche Strategie. Folglich fanden Unterredungen statt, von denen sich Hitler nichts mehr versprach. Er hatte sich längst entschieden. Die Resultate des Treffens schienen seine Sicht der Dinge zu bestätigen. Berlin kam es jetzt einzig darauf an, dass die für die materielle Vorbereitung der Aggression benötigten sowjetischen Lieferungen pünktlich eintrafen.

Deshalb ist es nicht nötig, erneut die deutsch-sowjetischen diplomatischen Kontakte, die politischen Misshelligkeiten und Interessenkollisionen in Bezug auf Finnland, Estland, Lettland, Litauen, Polen, Ungarn, Rumänien, Bulgarien, Jugoslawien, die Ostseeausgänge und die türkischen Meerengen zu referieren. Es genügt festzustellen, dass Moskaus Forderungen und Vorstellungen, die zuweilen über die getroffenen Vereinbarungen erheblich hinausgingen, verhandelbar blieben.

Hitler und seinen Paladinen, die sich seit dem Sommer 1940 anschickten, die nord- sowie südeuropäische Flanke für „Barbarossa" abzusichern, war das egal. Nach der Unterzeichnung des Dreimächtepakts, der die Sowjetunion umklammerte und Japan offenbar in die deutsche Strategie einband, beurteilten sie ihre Lage als deutlich verbessert. Der Blitzkrieg im Osten erschien realisierbar. Zugleich sollte die programmatisch vorgegebene Vernichtung der Sowjetunion zum globalstrategischen Befreiungsschlag werden. Dementsprechend entstanden anscheinend schon im Spätherbst 1940, aber ganz konkret Mitte Februar 1941 Studien zur Weiterführung des Kriegs nach dem Sieg über Stalin. Sie betrafen Afghanistan, Indien, Iran, die Türkei, Syrien, Irak, Ägypten, Nordafrika, Gibraltar, Malta und die atlantischen Inseln. Es ging um die Fortsetzung des Westkriegs in weltweiter Dimension.

4. Japans Annäherung an den Krieg

Als Japan dem Dreimächtepakt beitrat, gab es die seit August 1939 gegenüber Deutschland gewahrte Zurückhaltung auf. Der Sieg im Westen, der die französischen und niederländischen Kolonien in Südostasien verfügbar sowie die dortige britische Position angreifbar machte, weckte Begehrlichkeiten. Doch bereits vorher hatte sich Tokyo auf die neue Lage eingestellt. Im Mai 1940 untersuchte ein Kriegsspiel den Konflikt mit den Vereinigten Staaten, Großbritannien und Holland, die Invasion in Britisch-Malaya sowie Niederländisch-Indien, wo begehrtes Öl gefördert wurde. Zudem entstanden erste Pläne für einen Angriff auf Pearl Harbor. Und kurz nach dem Rückzug der Briten vom europäischen Festland nutzte Japan deren schwierige Lage, um den via Burma und Französisch-Indochina nach China beförderten Nachschub zu stoppen. London musste ab Mitte Juli 1940 die Burmastraße für drei Monate sperren.

In der Absicht, das vordringlichste Ziel der japanischen Außenpolitik – die erfolgreiche Beendigung des Kriegs in China – durchzusetzen und die Südexpansion auf den richtigen Weg zu bringen, beschloss eine Verbindungskonferenz von Politikern und Militärs gegen Ende Juli: Verstärkung der Zusammenarbeit mit Berlin und Rom; Verbesserung des Verhältnisses zu Moskau; Gestaltung der Beziehungen zu Großbritannien sowie Frankreich in Abhängigkeit von der Entwicklung in China; und Vorkehrungen für den Fall des Kriegseintritts der Vereinigten Staaten. Am deutlichsten manifestierte sich die im Fernen Osten gegebene Gefahr der Kriegsausweitung in dem Umstand, dass Japans Führung die Inbesitznahme der südostasiatischen Rohstoffgebiete als unabdingbar für den Sieg über Chiang Kaishek einstufte, den Roosevelt, Churchill und Stalin unterstützten. Jene Verknüpfung bedeutete, obwohl es keine Zwangsläufigkeit gab und nicht alle verantwortlichen Akteure die Ausweitung des Konflikts befürworteten, den Marsch – mit dem Etappenziel Dreimächtepakt – in den Zweiten Weltkrieg.

Präsident Roosevelt hoffte, was bei seinen entschlossenen, aber genau berechneten wirtschaftlichen sowie militärischen Reaktionen zu berücksichtigen ist, bis zuletzt, ein bewaffnetes Eingreifen seines Landes in den Krieg vermeiden zu können. Wenn er im Juli 1940 den Export von Flugbenzin, Schmierölen, Stahlschrott und Schmelzeisen nach Japan einschränkte, dann war dies nichts anderes als eine weitere Warnung. Trotzdem nötigte Tokyo Vichy im Abkommen von Hanoi (22.9.40), ihm Stützpunkte im nördlichen Indochina einzuräumen, das Durchmarschrecht für Truppen zu gewähren, die gegen die südchinesische Provinz Yünnan operierten, und die wirtschaftliche Nutzung des Landes zu erlauben. Roosevelt antwortete am 26. September mit einem Embargo, das Japan ein Drittel seiner Eisen- und Stahlschrottimporte kostete. Tags zuvor erhielt Chiang Kaishek einen Kredit von 25 Millionen Dollar, dem Ende November ein zweiter in vierfacher Höhe folgte.

In Bezug auf die Südexpansion musste Japans Diplomatie, trotz des Waffenstillstandsabkommens vom September 1939, auch das Verhältnis zu Moskau klären. Der Kreml zeigte sich nicht besonders zugänglich, und Ende 1940 galten die Verhandlungen als festgefahren. Die überraschende Wende brachte der Balkanfeldzug. Seit dem 6. April 1941 überrannten deutsche Truppen Jugoslawien und Griechenland, was Stalin tief beeindruckte und von der Überlegenheit der Wehrmacht gegenüber den eigenen Streitkräften überzeugte. Er wollte daher, um Zeit zu gewinnen, Hitler durch Umarmung besänftigen. Stalin tat das, obwohl er von den deutschen Absichten und dem im Spätsommer 1940 begonnenen Ostaufmarsch des Heeres wusste. Letzterer wurde zunächst als politischer Erpressungsversuch fehlgedeutet. Wie immer, im Kontext der Entwicklung auf dem Balkan kam es zum sowjetisch-japanischen Neutralitätspakt (13.4.41), der Tokyo Rückenfreiheit bei seiner Südexpansion garantierte und selbst für den Fall, dass die Sowjetunion die Seite wechselte, Vorteile brachte. Diese wiederum bekam eine sichere Ostgrenze, was Stalins Handlungsspielraum erweiterte. Und ganz unmittelbar sollte der Pakt Hitler signalisieren, dass der Kreml dazu neigte, die von Ribbentrop im November 1940 gegenüber Molotov entworfene außenpolitische Grundlinie zu beziehen: Beitritt zum Dreimächtepakt eingeschlossen. Doch all das gründete auf mindestens zwei Fehleinschätzungen.

Zum einen schloss Stalin aus Geheimdienstmeldungen auf einen Gegensatz innerhalb der Reichsführung. Er vermutete, dass kriegslüsterne Militärs beabsichtigten, Hitler und Ribbentrop, an sich für Verhandlungen aufgeschlossen, in einen bewaffneten Konflikt mit der Sowjetunion zu treiben. Das war ein von ihm nie eingestandener Irrtum, der sein bis zuletzt realitätsblindes Verhalten teilweise erklären dürfte. Zum anderen nahm er an, dass Hitler seine Ziele nicht zu erreichen vermochte, sofern sich Deutschland und Großbritannien in einem Abnutzungskrieg erschöpften. Stalin hielt damit an seinem Kalkül aus dem Jahr 1939 fest. Die Gefährdung durch das Dritte Reich erledigte sich aus solcher Sicht von selbst.

Deshalb setzte er unbeirrt auf den Faktor Zeit und beharrte bis zum Tag des deutschen Überfalls auf seiner Besänftigungspolitik. Hitler durfte in keiner Weise herausgefordert werden. Praktisch taten die Sowjets alles, um die Deutschen zufrieden zu stellen. Auch die Warenlieferungen erfolgten mittlerweile pünktlichst, obgleich die deutschen Gegenleistungen seit Herbst 1940 – eine Folge der Vorbereitung auf den Ostfeldzug – hinter dem vereinbarten Volumen zurückblieben.

Was jedoch den japanisch-sowjetischen Neutralitätspakt betrifft, so zeigte sein Zustandekommen unter anderem, dass es zwischen Deutschland und Japan keine abgestimmte und ehrliche Bündnispolitik gab. In seiner Weisung Nr. 24 vom 5. März 1941 über die „Zusammenarbeit mit Japan" verfügte Hitler ausdrücklich, dass den „Japanern gegenüber keinerlei Andeutung" über das „Barbarossa-Unternehmen" gemacht werden dürfe. Tatsächlich schloss Tokyo den Vertrag vom 13. April in Unkenntnis der deutschen Angriffsabsichten. Berlin wiederum überraschte der japanische Schritt, da sich Tokyos Außenminister Yosuke Matsuoka, der am 27. März und 4. April 1941 Gespräche in der Reichshauptstadt führte, darüber ausgeschwiegen hatte.

Ansonsten aber fügte sich der Pakt durchaus in Hitlers Strategie ein, sah doch die deutsche Planung vor, dass die Japaner baldmöglichst in Ostasien in Richtung Süden vorgingen, mit dem in der Weisung Nr. 24 genannten Ziel: „England rasch niederzuzwingen und USA dadurch aus dem Kriege herauszuhalten". Was die Deutschen nicht wussten, die Japaner unterstellten, dass die Vereinigten Staaten und Großbritannien nicht zu trennen seien. Hingegen besaß die Reichsführung Kenntnis von sie beunruhigenden inoffiziellen und offiziellen amerikanisch-japanischen Geheimverhandlungen. Diese konnten, falls der Interessenausgleich gelang, das uneingeschränkte Engagement der Vereinigten Staaten im atlantischen Raum zur Folge haben.

Das amtliche Washington bewertete den Neutralitätspakt zutreffend als Versuch, dem Kaiserreich Rückenfreiheit für die Südexpansion zu verschaffen. Vor dem Hintergrund seiner

Abschreckungspolitik verlautbarte der Präsident deshalb, dass China Leih-Pacht-Hilfe erhalten werde. Das geschah ab Mai 1941. Parallel hierzu übergab Außenminister Cordell Hull Japans Botschafter Kichisaburo Nomura „vier Prinzipien", deren Akzeptierung die Grundlage für die Neugestaltung der beiderseitigen Beziehungen bilden sollte. Im Einzelnen forderte die amerikanische Regierung: Respekt gegenüber der Souveränität und territorialen Integrität aller Länder; die Nichteinmischung in die inneren Angelegenheiten einer Nation; die Anerkennung der Gleichheit der Staaten, besonders in Handelsfragen; und den Verzicht darauf, den Status quo im Pazifik mit anderen als friedlichen Mitteln zu verändern.

Die diplomatischen Aktivitäten und internen Lageanalysen der Japaner, die jenem Vorstoß folgten, wirkten unprofessionell, konfus, ja chaotisch. Sie verursachten Misstrauen und Missverständnisse. Begreiflicherweise verstärkten die Amerikaner, die durch MAGIC über Hintergrundinformationen verfügten, beständig ihren wirtschaftlichen Druck. Als ab Ende Mai die Lieferung von Eisen- und Chromerzen, Mangan, Kupfer sowie sonstigen Rohstoffen wegfiel, geriet Japans Aufrüstung in Gefahr. Weitere Engpässe taten sich auf, als Roosevelt vom 20. Juni an – wegen fehlenden Transportraums – Ölimporte aus den Häfen der amerikanischen Ostküste verbot.

Am 21. Juni, einen Tag vor dem Angriff auf die Sowjetunion, den Hitler und Ribbentrop gegenüber dem japanischen Botschafter in Berlin, General Hiroshi Oshima, am 3. und 4. Juni im Verständnis eines Eventualfalls erwähnten, an dessen Eintreten die meisten Entscheidungsträger in Tokyo allerdings nicht glaubten, legte Washington Präzisierungen zu den „vier Prinzipien" vor. Da diese einer Übereinkunft dienten, die im Wesentlichen zu Lasten Nippons gegangen wäre, das sich am 16. Juni gerade für den Einmarsch in Französisch-Süd-Indochina entschieden hatte, reagierte die Regierung von Fürst Fumimaro Konoe ablehnend.

Nach Beginn der deutsch-sowjetischen Kampfhandlungen erörterten japanische Militärs und Politiker kurzzeitig die Frage, ob die Nordexpansion nicht doch dem Ausgreifen nach

Süden vorzuziehen sei. Es blieb, primär aufgrund ökonomischer Überlegungen, bei dem seit 1939 beabsichtigten Vorgehen. Hierbei nahm Tokyo den Krieg gegen die Vereinigten Staaten zumindest billigend in Kauf. Seit dem 25. Juni stand fest, dass japanische Truppen in das südliche Französisch-Indochina einmarschieren würden, um sich günstige Ausgangspositionen für Land- und Luftangriffe gegen Singapur, Malaysia und Niederländisch-Indien zu verschaffen. Eine Kaiserliche Konferenz billigte die vorgesehene Aggression am 2. Juli 1941. Nunmehr galt es, die „Neue Ordnung" via Südexpansion selbst dann zu verwirklichen, wenn das definitiv den bewaffneten Konflikt mit Washington und London bedeutete. Japans Führung, die nicht ahnte, dass MAGIC einen Teil der im Beisein des Kaisers gefassten Konferenzbeschlüsse mitlas, bestätigte damit den seit langer Zeit abgesteckten Kriegskurs.

5. Zur britisch-amerikanischen Militärallianz

Während Deutschland und Japan – unabgestimmt – die Weichen für den „Großen Krieg" stellten, gestalteten sich die Beziehungen zwischen Washington und London stetig enger. Gleichzeitig unternahm es Präsident Roosevelt, sowohl die nationale militärische Stärke zu steigern, etwa durch Rüstungsprogramme wie den am 20. Juli 1940 genehmigten Bau der Zwei-Ozeane-Flotte und die Vorbereitungen für die allgemeine Wehrpflicht, als auch Großbritannien massiv zu unterstützen.

Im November 1940 sprach sich die amerikanische militärische Führung dafür aus, dass, sollte es zum Kriegseintritt der Vereinigten Staaten kommen, die beiderseitige Kriegführung sich auf Deutschland und Italien zu konzentrieren hätte, wohingegen ein Konflikt mit Japan möglichst zu vermeiden wäre. Schon damals empfahlen die Generäle dem Präsidenten, geheime Stabsbesprechungen mit den Briten einzuleiten. Sie fanden vom 29. Januar bis zum 27. März 1941 statt, legten die Grundsätze der eventuellen Koalitionskriegführung fest und bestimmten, dass der Schwerpunkt der gemeinsamen Strategie im atlantischen und europäischen Raum zu bilden sei, da Deutschland die führende „Achsenmacht" darstelle. Künftig blieb es beim strategischen Prinzip „Germany first". Falls Japan in den Krieg eintrat, wollten die Alliierten im Pazifik – bis zum Sieg über das Dritte Reich – die Defensive wahren. Die Vereinigten Staaten, die sich seit dem Leih-Pacht-Gesetz als das „Arsenal der Demokratien" begriffen, gingen fortan allmählich von der Neutralität zur Nichtkriegführung über. Im Hinblick darauf spielte das seit Dünkirchen zu bewundernde britische Durchhaltevermögen eine wichtige Rolle.

6. Exkurs zum Bombenkrieg

Bereits im Mai 1940, als die britisch-französische Lage verzweifelt aussah, hatte das *Royal Air Force Bomber Command* den strategischen Luftkrieg begonnen. Bis zum Kriegsende flogen die Bomberbesatzungen 373 514 Einsätze gegen das Reich, davon nur 1383 vor Ende April 1940. Ihre Kameraden von der 8. *United States Army Air Force* führten vom August 1942 bis zum Mai 1945 insgesamt 332 904 Feindflüge durch. Dabei warfen die britischen Flugzeuge rund 970 000 und die amerikanischen 632 000 Tonnen Bombenlast ab. Sie zerstörten die Fabriken der Kriegswirtschaft und das Transportwesen, ohne jedoch allein kriegsentscheidend gewesen zu sein. Auf die Menschen in den Städten wirkten sich insbesondere die von der *Royal Air Force* durchgeführten Flächenbombardements verheerend aus. Hierfür stehen, von den gigantischen materiellen Schäden ganz zu schweigen, gut 436 000 Bombenopfer, darunter ungefähr 370 000 tote Zivilisten: nicht nur in Lübeck, Rostock, Köln, Berlin, Hamburg und Dresden oder im Ruhrgebiet. Das *Bomber Command* verlor mehr als 10 100 Bombenflugzeuge und 50 000 Besatzungsmitglieder, ebenso viele Tote beklagte die 8. *US Army Air Force*, die annähernd 5500 Maschinen einbüßte.

Weder der britische noch der deutsche Bombenkrieg genügte, da beide ab April 1942 gewollt im Zeichen des Terrors gegen die Zivilbevölkerung standen, den geltenden Bestimmungen des Völkerrechts. Diesbezüglich fällt nicht ins Gewicht, dass die Luftwaffe zu einer Bombenkriegführung, die derjenigen der Alliierten unter quantitativen Gesichtspunkten vergleichbar gewesen wäre, nicht imstande war, weil es an Rüstungskapazität und Material fehlte: Von 1939 bis 1944 baute Deutschland rund 111 800 Flugzeuge, Großbritannien 119 500 und die Vereinigten Staaten 267 600.

Im Vereinigten Königreich gab es 60 595 durch Bomben und Vergeltungs-Waffen (Raketen und Flugbomben) getötete Zivilpersonen. Das Gros von ihnen starb in den Jahren 1940 und 1941. Ab 1942 zählte Großbritannien bei Luftangriffen ungefähr 17 000 Tote. Davon gingen 8938 auf das Konto der vom 12. Juni 1944 bis zum 30. März 1945 abgefeuerten 10 833 V-Waffen, von denen allerdings nur 6876 auf englischem Boden einschlugen. Hierbei ist daran zu erinnern, dass jene V-Waffen in Belgien zahlreiche Opfer verursachten: 6448 Tote vom 15. September 1944 bis zum Kriegsende.

7. Italiens Großmachtanspruch und die Realität des Kriegs im Mittelmeerraum

Landkämpfe entwickelten sich nach dem Waffenstillstand mit Frankreich vorerst lediglich im mittelmeerisch-afrikanischen Raum. Mussolini wollte das nutzen, um sich als Stratege zu profilieren. Aus dem gleichen Grunde bot er Hitler im Juni See- sowie Luftstreitkräfte für den Einsatz im Norden an. 75 italienische Bomben- und 98 Jagdflugzeuge flogen im vierten Quartal 1940 gegen England, außerdem liefen 27 U-Boote im September für den Atlantikeinsatz in Bordeaux ein.

Hinter Mussolinis Tätigkeitsdrang stand die Furcht, ohne nationale militärische Erfolge als Bittsteller auf einer Friedenskonferenz auftreten zu müssen, die das „Impero" vollenden und umfangreiche italienische Forderungen erfüllen würde: Zugang zu den Ozeanen; Einverleibung von Nizza, Korsika, Malta, Tunesien und Korfu; Inbesitznahme von Sokotra, Aden, Perim, der Sinaihalbinsel sowie von Teilen Marokkos und Algeriens. Zudem wollte Rom eine breite Landverbindung von Libyen nach Äthiopien, was auf die Aneignung großer Gebiete des Angloägyptischen Sudans hinauslief. Auf Mussolinis Wunschliste standen ferner Britisch- sowie Französisch-Somaliland und Teile Französisch-Äquatorialafrikas. Der Besitz dieser Territorien, Vereinbarungen über Einflusszonen sowie Verträge mit der Türkei und arabischen Staaten sollten dem Königreich die Vorherrschaft im Mittelmeerraum samt Nahem Osten sichern.

Aus solcher Perspektive ist die am 18. August 1940 beendete Eroberung von Britisch-Somaliland zu sehen. Das Unternehmen wäre strategisch einzig dann sinnvoll gewesen, wenn die 291 000 Mann der Ostafrika-Armee die Kraft besessen hätten, anschließend gegen den Sudan offensiv zu werden, um sich mit aus Libyen vorgehenden Streitkräften zu vereinigen. Phantastisch! Tatsächlich traten Briten und kaisertreue Äthiopier im Januar 1941 zur Befreiung ganz Ostafrikas an. Nach teilweise verbissener Gegenwehr mussten die italienischen Hauptkräfte in Äthiopien am 18. Mai kapitulieren.

Ein nicht bloß psychologisch wichtiger Sieg, denn Präsident Roosevelt erklärte nun das Rote Meer und den Golf von Aden zu befriedeten Gebieten. Somit konnten amerikanische Versorgungsschiffe den Hafen von Suez anlaufen, und zusätzlich zur Entspannung der Seetransportlage setzte die Rückeroberung – in Nordafrika dringend benötigte – Truppen frei.

Dort hatte Italiens 10. Armee am 13. September 1940 einen Vormarsch gestartet, den sie nach drei Tagen bei Sidi Barrani, 80 km hinter der ägyptischen Grenze, anhielt. Während die Angreifer auf Nachschub warteten, wich die *Western Desert Force* auf das 130 km östlich gelegene Marsa Matruh aus.

In der Wüste schien noch alles offen zu sein, als die Italiener, ungeachtet der britischen Garantieerklärung (1939), am 28. Oktober Griechenland überfielen. Machtpolitische Motive, die Rivalität zwischen Mussolini und Hitler, Selbstüberhebung und Unterschätzung des Gegners führten zu einem Feldzug, der aufgrund seiner dilettantischen Vorbereitung mit einem Desaster endete. Nach Anfangserfolgen sahen sich die italienischen von den griechischen Truppen, denen die *Royal Air Force* und *Royal Navy* beistanden, auf eine Linie 60 bis 120 km nördlich der albanischen Grenze zurückgeworfen. Gegen Jahresende erstarrte die Front im Stellungskrieg.

Hingegen lösten die Briten am 9. Dezember 1940 in Nordafrika eine Offensive aus, welche die 10. Armee zu einem mehr als 900 km langen Rückzug zwang. Nach der Einbuße von acht Divisionen standen die Reste des Großverbands im Februar 1941 im Raum El Agheila. Es kam allein deshalb nicht zum Verlust Libyens, der wohl den Fortbestand des faschistischen Regimes gefährdet hätte, weil London, einvernehmlich mit Athen, ab dem 4. März 1941 etwa 62 000 Mann zur Abwehr des erwarteten deutschen Angriffs von Nordafrika nach Griechenland verlegte.

Hitler und seine Umgebung, die für den Ostkrieg Ruhe auf dem Balkan und den sicheren Zugriff auf das rumänische Öl benötigten, trugen sich schon seit November 1940 mit dem Gedanken, gegen Griechenland vorzugehen. Noch ehe der „Duce" am 19. Dezember für Nordafrika und am 28. für Albanien Hilfe erbat, plante die Wehrmacht gemäß der Weisung Nr. 20 („Unternehmen Marita") die Besetzung des griechischen Festlands. Daneben betrieb die Diplomatie die Vorbereitung von Hitlers viertem Nebenkrieg. Es gelang ihr, Großbritanniens Hoffnungen auf eine aus der Türkei, Griechenland, Bulgarien und Jugoslawien bestehenden antideutschen Front zunichte zu machen.

Anfang 1941 beteiligte sich das X. Fliegerkorps als erster deutscher Verband an den Kämpfen im Mittelmeerraum. Das Treffen Hitlers mit Mussolini am 19./20. Januar markierte sodann das Aus für den „Parallelkrieg" des „Duce" und den Anfang vom Ende der souveränen Großmacht Italien.

Ab dem 8. Februar trafen Material und Truppen des späteren „Deutschen Afrikakorps" in Tripolis ein. Der Kommandeur des Großverbands, der damalige Generalleutnant Erwin Rommel, befahl am 24. März eine Aufklärungsoperation, die unerwartet bis zum 13. April zur deutsch-italienischen Wiedereroberung der Cyrenaika führte – ausgenommen Tobruk.

Britische Gegenoffensiven im Mai und Juni scheiterten, so dass sich die operative Lage bis zum November 1941 nicht wesentlich änderte. Jedoch gab es, eine Folge der britischen Seeherrschaft und des Unternehmens „Barbarossa", ab Sommer 1941 Nachschubengpässe.

Im Südosten nahm die deutsche 12. Armee in Bulgarien ihre Angriffspositionen ein, als ein Putsch in Belgrad am 27. März den zwei Tage vorher vollzogenen Beitritt zum Dreimächtepakt außer Kraft setzte. Hitler erließ noch am selben Tag die Weisung Nr. 25 für die Zerschlagung des Vielvölkerstaats. Dass die neue Regierung einen neutralen, nicht notwendig antideutschen Kurs zu steuern beabsichtigte, interessierte niemanden.

Des „Führers" Militärs reagierten schnell – am 6. April begann der Balkanfeldzug. Die 12. Armee (8 Divisionen und drei Regimenter) stieß von Bulgarien aus auf Saloniki vor, die 2. Armee und die Panzergruppe 1 (15 Divisionen) operierten von der Steiermark, Ungarn, Rumänien und Bulgarien aus gegen Jugoslawien. Wenig später griffen die ungarische 3. Armee (10 Brigaden) sowie die italienische 2., 9. und 11. Armee (38 Divisionen) in die Kämpfe ein. 1153 deutsche und 320 italienische Flugzeuge leisteten Luftunterstützung.

Das jugoslawische Heer gliederte sich in 32 Divisionen und neun Brigaden, die Luftstreitkräfte verfügten über 400 Flugzeuge. Griechenland besaß 21 Divisionen, vier Brigaden und 80 Flugzeuge. Hinzu traten zwei britische Infanteriedivisionen und eine Panzerbrigade sowie sieben Staffeln (etwa 84 Maschinen) der *Royal Air Force*.

Die in jeder Hinsicht überlegenen Angreifer eröffneten den Krieg mit für die Zivilbevölkerung verheerenden Terrorangriffen der Luftwaffe auf das nicht verteidigte Belgrad. Bereits am 9. April streckte die griechische Armee in Ostmazedonien ihre Waffen, und ab dem 14. des Monats stellte sich London auf die Evakuierung des Expeditionskorps ein. Jugoslawien kapitulierte am 17. April, König Peter und sein Kabinett gingen außer Landes. Die griechischen Armeen im Epirus sowie in Westmazedonien stellten den Widerstand zwischen dem

20. und 23. April ein. Immerhin gelang es der *Royal Navy*, unter sehr schwierigen Umständen rund 51 000 Mann zu retten, freilich ohne schwere Waffen und Gerät. Die Aggressoren besetzten bis zum 3. Mai das griechische Festland sowie alle größeren Inseln – ausgenommen Kreta. Circa 344 000 Jugoslawen, 11 900 Briten und 223 000 Griechen gerieten in Kriegsgefangenschaft.

Kreta ermöglichte es Großbritannien, den Zugang zur Ägäis sowie zum Schwarzen Meer zu kontrollieren und die Ölfelder in Rumänien zu bombardieren. Hitler befahl daher am 25. April, das „Unternehmen Merkur" vorzubereiten, eine große Luftlandeoperation, die unter Beteiligung von Heereskräften sowie der deutschen und italienischen Marine am 20. Mai startete.

In London, von ULTRA genau über „Merkur" informiert, wusste man zwar, dass die Kräfte in Maleme kaum genügten, um den Flugplatz bei einem Angriff zu halten, da aber ULTRA auf keinen Fall, beispielsweise durch auffällige Verstärkungen, kompromittiert werden durfte, musste der Kommandeur der Verteidiger versuchen, sich mit den dortigen Kräften zu behaupten. Maleme fiel am 21. Mai, und das entschied den Kampf um Kreta. Zwei Tage danach standen rund 17 500 Soldaten der Wehrmacht auf der Insel. König Georg II. samt Regierung begab sich am 24. Mai ins englische Exil. Von den am 29. und 30. evakuierten Briten sowie Griechen erreichten 18 000 Ägypten.

Die Deutschen machten etwa 17 000 Kriegsgefangene. Außerdem massakrierten sie ungezählte Zivilisten. Denn der Kommandierende General des XI. Fliegerkorps, General der Flieger Kurt Student, befahl nach dem Abschluss der Kampfhandlungen so genannte Vergeltungsmaßnahmen, die, was immer ihnen vorausgegangen sein mag, das einschlägige Völkerrecht verhöhnten.

Darüber hinaus ist zu konstatieren, dass die Achsenmächte auf Kreta zwar siegten, die Dezimierung der Luftlandetruppen die Wehrmacht jedoch von der Invasion auf Malta abhielt. Die deutsche Führung schreckte bis zum Kriegsende vor ähnlich riskanten Operationen zurück. Malta ließ sich lediglich durch die Luftwaffe zeitweise niederhalten, aber als Basis der Angriffe gegen den Nachschub für Nordafrika nicht ausschalten.

Davon abgesehen dachte Hitler nicht daran, den Erfolg in seinem vierten Nebenkrieg sofort und expansiv im Mittelmeer zu nutzen. Der Sieg im Südosten garantierte, worauf es ihm vor allem ankam, die Ausbeutung der rumänischen Ölgebiete und eine gesicherte Südflanke beim Ostfeldzug. Sein Beginn ist, entgegen einer immer wieder aufgestellten Behauptung, durch den Balkankrieg nicht wesentlich und schon gar nicht entscheidend verzögert worden.

Deutsche, Italiener und Bulgaren teilten Griechenland in Besatzungszonen auf. Das Reich beanspruchte Saloniki und Umgebung, eine Enklave im Süden Attikas samt Piräus, die Demotika an der türkischen Grenze, den Großteil von Kreta (Rest italienisch) sowie die Inseln Melos, Chios, Mytilene, Efstratios und Lemnos. Bulgarien bekam Ostmazedonien, West-Thrazien, die Inseln Thasos und Samothrake sowie ein kleines Territorium westlich des Strymon. Italien besetzte das übrige Land und die meisten Inseln.

In Jugoslawien annektierte Deutschland (de facto) die Untersteiermark, Südkärnten sowie Oberkrain und kontrollierte Serbien. Italien gewann weite Gebiete (Provinzen Laibach und Fiume, Gouvernement Dalmatien, Oberkommissariat Montenegro, Vergrößerung Albaniens). Bulgarien (Teile des jugoslawischen Mazedoniens) und Ungarn (Backa, Südbaranja sowie ein schmaler Streifen an der Mur) hielten sich ebenfalls schadlos. Kroatien erklärte sich (10.4.41) zum unabhängigen, den Achsenmächten verbündeten Staat. Jene Neuregelung der Verhältnisse trug dazu bei, dass auf dem Territorium des einstigen Jugoslawien, wo sich starker nationalistischer und kommunistischer Widerstand formierte, bis zum Kriegsende keine Ruhe einkehrte.

Davon, dass Hitler erst nach „Barbarossa" im mittelmeerischen und vorderasiatischem Raum strategische Entscheidungen herbeizuführen gedachte, profitierte Churchill. Er behielt den Nahen Osten in der Hand, britische Truppen schlugen den Staatsstreich im Irak nieder (2.4. bis 30.5.) und besiegten mit freifranzösischen Kräften die Vichytreuen Verteidiger der Mandatsgebiete Syrien und Libanon (8.6. bis 14.7.41). Zudem entspannte sich die Lage an der Heimatfront, da die Luftwaffe ab Mitte Mai über 60 Prozent ihrer Kräfte nach Osten verlegte. Das stimmte zuversichtlich.

Hinsichtlich des „Großen Kriegs" wurden die Karten der Mächte beim deutschen Überfall auf die Sowjetunion am 22. Juni 1941 neu verteilt – anfangs sah das wenigstens so aus.

V. Werden und Wesen des Weltkriegs

Theoretisch hätten die maßgeblichen Politiker sowie Militärs in Tokyo bis zum Tag des japanischen Überfalls auf Pearl Harbor am 7. Dezember 1941, sofern ihnen daran gelegen gewesen wäre, auf dem Weg in den Weltkrieg jederzeit anhalten können. Dass sie es nicht taten, lag auch an der deutschen Aggression im Osten, die so gesehen die internationale Staatenwelt der Katastrophe eines zweiten „Großen Kriegs" im 20. Jahrhundert den entscheidenden Schritt näher brachte.

1. Der „Fall Barbarossa"

Hitler betrieb, um Stalin über seine wahren Absichten zu täuschen, eine konsequente Politik der Irreführung und des Baldrians. Deshalb ließ er zum Beispiel die im zweiten Halbjahr 1940 nur stockend erfolgenden Warenlieferungen in die Sowjetunion ab Frühjahr 1941 reibungslos durchführen.

Stalin wiederum, dessen wahre Absichten umstrittener Diskussionsgegenstand der Geschichtswissenschaft sind, strebte 1941 zweifellos eine Entspannung in den beiderseitigen Beziehungen an. Er beabsichtigte, das NS-Regime – im Wesentlichen mit den Methoden des *economic appeasement* – von den Vorteilen einer Zusammenarbeit zu überzeugen, um Zeit für die

Verwirklichung seiner zahlreichen wirtschaftlichen und industriellen Reformvorhaben zu gewinnen. Gleichzeitig sollte sich Hitler am Luft-, See- sowie nordafrikanischen Wüstenkrieg gegen Großbritannien festbeißen. Sein Kalkül hielt ihn allerdings nicht davon ab, auf den Aufmarsch der Wehrmacht mit einer Verstärkung der Verteidigungsstellungen der Roten Armee in den grenznahen westlichen Militärbezirken zu reagieren.

Parallel zur Täuschungspolitik gegenüber dem Kreml bemühte sich Berlin erfolgreich um Finnland und Rumänien als aktive Verbündete für „Barbarossa". Beide hatten mit Moskau Rechnungen zu begleichen. Ende Juni befanden sich ferner die Slowakei, Ungarn und Italien im Kriegszustand mit der Sowjetunion. Franco entsandte einen Freiwilligenverband, die „Blaue Division", und Hitler hoffte, dass Spanien nun doch noch in den Krieg gegen das Vereinigte Königreich eintreten würde. Dagegen hätte er im Osten auf die Ungarn und Italiener gerne verzichtet, sie mussten sich ihm förmlich aufdrängen.

Derartige Anmaßung entsprach seit dem Waffenstillstand mit Frankreich deutscher Dünkelhaftigkeit. Nach den erfolgreichen Feldzügen wuchs im Militär und in der Zivilbevölkerung das Selbstwertgefühl sowie das Vertrauen in die Reichsführung. Und jene zeigte sich entschlossen, nach den Blitzsiegen im Westen in der Sowjetunion den ersten als solchen geplanten Blitzkrieg zu führen. Außerdem wollte Hitler von den damals vorhandenen Personalproblemen der Roten Armee und den Schwierigkeiten der sowjetischen Rüstung profitieren. Da diese vorübergehen würden, empfand er – wie 1939 – Zeitdruck.

Hierbei ist, von der Breitenrüstung des deutschen Heeres ausgehend, der Blitzkrieg als Militärstrategie definiert, die eine Eskalation des Konflikts zum totalen Krieg verhindern soll. Der deshalb notwendige rasche operative Sieg wird durch den genau berechneten, zeitlich begrenzten Einsatz von qualitativ überlegenen Menschen- und Mittelpotentialen angestrebt.

Die Kriege gegen Polen, Norwegen, Dänemark, die Beneluxstaaten, Frankreich, Jugoslawien und Griechenland entsprachen traditionell entworfenen, allerdings überraschend schnell durchgeführten Feldzügen. Also betrat die Wehrmacht im Grunde Neuland, als sie einen Blitzkrieg gegen die Sowjetunion vorbereitete. Umso mehr erstaunt, wie hochmütig der Gegner abgewertet wurde. Dass ausländische Militärexperten die Fehleinschätzung teilten, erscheint unerheblich.

Trotz der riesigen Entfernungen, des mangelhaften sowjetischen Straßen- und Schienennetzes sowie der Tatsache, dass nur ein Fünftel des deutschen Feldheers für blitzartige raumgreifende Operationen geeignet erschien, meinte die militärische Führung, in einem kurzen Waffengang siegen zu können. Sie sah sogar davon ab, Personal und Produktionskapazitäten für die Ersatzausrüstung der Truppe bereitzuhalten. Zudem mussten eine Munitionsausstattung für zwölf sowie eine Gerätebevorratung für drei Monate ausreichen. Ansonsten gab es beim Aufstellen des Ostheers zahlreiche personelle und materielle Notbehelfe. Ganz zu schweigen von den in vielen Bereichen ungenügenden Vorräten. Der zur Schau getragene Optimismus wirkte angesichts der Fakten zwanghaft.

Bei solchen Voraussetzungen durfte es weder zu unvorhergesehen schweren Verlusten noch zur Verlängerung des Kriegs bis zum Wintereinbruch kommen. Das heißt, die Generalität nahm unprofessionell an, dass die Truppe den Sieg im ersten Anlauf erringen würde – sonst drohte ein Desaster.

Gemäß der Planung sollte im Spätherbst 1941 die Masse der Roten Armee westlich von Dvina sowie Dnepr vernichtet sein und Stalin seine kriegswichtigen Ressourcen und Fertigungsstätten verloren haben. Die Angreifer hatten somit bis zum Winterbeginn 1941 das in der Weisung Nr. 21 genannte „Endziel der Operation" zu erreichen: Eine Linie, die – 1500 bis 2000 km östlich der am 22. Juni eingenommenen Angriffspositionen – von Astrachan am Kaspischen Meer entlang der Volga und weiter bis Archangel'sk am Weißen Meer verlief. Das galt als machbar, obwohl die eigenen Offensivkräfte jenseits der Linie Dvina-Dnepr wegen der knappen Transportmittel und miserablen Verkehrswege zum einen nicht mehr hinreichend versorgt werden und zum anderen nur noch schwerpunktmäßig operieren konnten.

Der Deckname „Fall Barbarossa" stand aber nicht bloß für einen als Blitzkrieg entworfenen Eroberungsfeldzug, sondern auch für Hitlers Vernichtungskrieg gegen Juden, Bolschewisten und Slawen, der eine völkerrechtlich eingehegte Kriegführung verneinte. Das Töten so genannter Rassenfeinde bildete hierbei eine quasioperative Zielsetzung für vier – von der Wehrmacht durch rücksichtslose Kampfführung zu unterstützende – Einsatzgruppen der Sicherheitspolizei und des SD. Willige militärische sowie juristische Helfer setzten Hitlers Absichten noch vor Beginn des Feldzugs in Befehle um, die Kriegsverbrechen staatlich legitimierten. Das geschah etwa mit dem „Erlaß über die Ausübung der Kriegsgerichtsbarkeit im Gebiet ‚Barbarossa' und über besondere Maßnahmen der Truppe", der den gerichtlichen Verfolgungszwang bei Verbrechen aufhob, die Soldaten gegenüber der Zivilbevölkerung verübt hatten. Ebenfalls völkerrechtswidrig waren die „Richtlinien für die Behandlung politischer Kommissare", die das Erschießen einer bestimmten Gruppe von kriegsgefangenen Offizieren vorsahen. Auf einen solchen Krieg schwor Hitler die Offiziere ein, und diese verpflichteten die Truppe. Beispielsweise zitierte ein Befehl, den Generaloberst Erich Hoepner, Befehlshaber der Panzergruppe 4, Anfang Mai 1941 aus eigenem Antrieb an seine nachgeordneten Einheiten geben ließ, zunächst den „Kampf der Germanen gegen das Slawentum" und die „Abwehr des jüdischen Bolschewismus". Sodann hieß es: „Jede Kampfhandlung muß in Anlage und Durchführung von dem eisernen Willen zur erbarmungslosen, völligen Vernichtung des Feindes geleitet sein. Insbesondere gibt es keine Schonung für die Träger des heutigen russisch-bolschewistischen Systems."

Die Wehrmacht nahm bei „Barbarossa" ferner das Verhungern von bis zu 30 Millionen Landesangehörigen billigend in Kauf. Dies primär deshalb, weil sich das Ostheer aus den besetzten Gebieten ernähren würde. Effektiv starben mehrere Millionen Sowjetbürger den Hungertod, darunter besonders viele Juden und Kriegsgefangene. Ein Massensterben, das sowohl eine situationsbedingte logistische als auch eine – und das vor allem – ideologische Wurzel besaß.

Das Drama der Ostfront, in dem alle Schrecken des Kriegs Hauptrollen besetzten, nahm seinen Anfang am 22. Juni 1941, als die Deutschen vertragsbrüchig und ohne Kriegserklärung frühmorgens die Sowjetunion überfielen.

Gut 2000 Maschinen der Luftwaffe, die im Osten über etwa 3900 eigene und 1000 verbündete Flugzeuge verfügte, griffen Flugplätze der sowjetischen Luftstreitkräfte an und vernichteten zwischen 1200 und 2000 Maschinen (meist am Boden).

Im Ostheer standen 3,05 Millionen Mann, die sich auf drei Heeresgruppen (10 Armeeoberkommandos, 4 Panzergruppen, 43 Generalkommandos und 145 Divisionen) verteilten. Sie besaßen rund 3400 Panzer und 250 Sturmgeschütze, 7150 Geschütze, 600 000 Kraftfahrzeuge samt Panzerspähwagen und 625 000 Pferde. Hinzu kamen annähernd 690 000 finnische, italienische, rumänische, ungarische und spanische Soldaten.

Ihnen lagen in den westlichen Militärbezirken vier Heeresgruppen (10 Armeen mit 140 Divisionen und 40 Brigaden) gegenüber, die vermutlich, verlässliche Zahlen fehlen, 2,9 Millionen Mann, 10 000 Panzer, 7500 Flugzeuge und starke Artillerie einsetzen konnten.

In der ersten Kampfphase fiel besonders ins Gewicht, dass der Angriff die Sowjets total überraschte, weil Stalin, der über Hitlers Aggressionsplanungen bestens unterrichtet gewesen ist, alle Warnungen – mitsamt den Erwägungen, die der Generalstab über einen Präventivschlag anstellte – abgelehnt oder nicht beachtet hatte. Bis zuletzt setzte er auf den Ausgleich mit Hitler und wollte nicht glauben, dass dieser den Zweifrontenkrieg wagen würde. Dabei ging aus Agentenberichten seiner Berliner Residentur schon im März 1941 hervor, dass der Überfall beschlossene Sache war. Hitlers Generalstab, so hieß es, traue der Roten Armee nur einen achttägigen harten Widerstand entlang der Grenze zu und nehme an, dass die eigenen Truppen in 25 Tagen den Ural erreichen könnten.

Weil dem so gewesen ist und darüber hinaus feststeht, dass Hitler und seine Strategen sich in keiner Weise von der Roten

Armee bedroht fühlten, ist das Gerede sowie Geschreibe vom Präventivkrieg, mit dem sie Stalin gerade noch zuvorgekommen seien, nach dem gegenwärtigen Forschungsstand blanker Unsinn. Die Truppenmassierungen bei Lvov und Bialystok? Der Generalstab des Heeres erkannte darin keine Aggressionsabsicht. Ungewollt arbeiteten die sowjetischen den deutschen Generälen sogar in die Hände, da diese Kräftekonzentration in vorspringenden Grenzräumen die von der Wehrmacht angestrebten Umfassungsmanöver erleichterte. Goebbels bemerkte dazu am 14. Juni in seinem Tagebuch: „Die Russen scheinen noch garnichts [!] zu ahnen. Jedenfalls marschieren sie so auf, wie wir es uns nur wünschen können: dick massiert, eine leichte Gefangenenbeute."

Kurzum, die Mär vom bevorstehenden sowjetischen Angriff, dem die Wehrmacht mit knapper Not begegnet sei, ist eine Erfindung der Propaganda, verkündet am 22. Juni in Hitlers Proklamation an das deutsche Volk.

Die auf Moskau operierende Heeresgruppe Mitte (Generalfeldmarschall Fedor v. Bock) zerschlug in der Doppelschlacht von Bialystok und Minsk bis zum 9. Juli die seit Ende Juni eingekesselten Kräfte der sowjetischen Heeresgruppe West (324 000 Gefangene). Es folgte der rasche Vorstoß über den Dnepr und die Dvina auf Smolensk, das am 16. Juli fiel. Aber der Kessel bei der Stadt konnte erst am 5. August geschlossen werden (310 000 Gefangene). Die sowjetischen Truppen wehrten sich mittlerweile verbissen. Eventuell erklärt sich das mit Stalins dramatischem, gleichwohl für die Bevölkerung glaubwürdigem Aufruf zum „Großen Vaterländischen Krieg" und Partisanenkampf (3. 7. 41).

Im Anschluss an die Schlacht von Smolensk schien es sich anzubieten, auf Moskau vorzustoßen, um dort die militärische Entscheidung zu suchen. Das wollten Generalfeldmarschall v. Brauchitsch und Generaloberst Halder. Doch Hitler befahl, die Truppen der Heeresgruppe Mitte 360 km vor Moskau anzuhalten, um mit deren Panzern die Heeresgruppen Nord und Süd zu unterstützen. Er verfolgte wirtschaftliche und politische Ziele: Inbesitznahme der Krim, Eroberung des Donecbeckens, Unterbrechen der sowjetischen Ölzufuhr aus dem Kaukasus, Einschließen Leningrads und die Vereinigung mit den Finnen.

Inzwischen hatte die Heeresgruppe Nord (Generalfeldmarschall Wilhelm Ritter v. Leeb) das Baltikum eingenommen und bis zum 13. September die Zernierung Leningrads abgeschlossen: Beginn einer 900 tägigen Belagerung, die rund eine Million zivile Opfer forderte. Ansonsten kündigte sich an, dass es Deutschen und Finnen nicht gelingen würde, die für Stalins Nachschub aus Übersee wichtigen Häfen Archangel'sk und Murmansk sowie den Raum um das Weiße Meer in Besitz zu nehmen.

Die Heeresgruppe Süd (Generalfeldmarschall v. Rundstedt) erreichte nach der am 8. August beendeten Kesselschlacht bei Uman (103 000 Gefangene) planmäßig den Dneprbogen. Seit dem 25. August entwickelten sich vielversprechende Operationen, in deren Verlauf im September Kiev genommen und Stalins östlich davon dislozierte Heeresgruppe Südwest in schwersten Kämpfen vernichtend geschlagen wurde (665 000 Gefangene).

In der Nacht auf den 2. Oktober erfuhren die „Soldaten der Ostfront" durch einen Aufruf des „Führers", dass sie zu einem „letzten gewaltigen Schlag ansetzen" müssten, um den Gegner vor „Einbruch des Winters" zu „zerschmettern". So startete das Unternehmen „Taifun", der Angriff auf Moskau.

Begleitet von Operationen der Heeresgruppe Nord, die Leningrad sowie den Ladogasee betrafen, und dem erfolgreichen Vorstoß der Heeresgruppe Süd in Richtung Kursk, Char'kov und Donec, trat die Heeresgruppe Mitte zum Marsch auf die Hauptstadt an. Generalfeldmarschall v. Bock standen die Luftflotte 2, drei Armeen und drei Panzergruppen mit 78 Großverbänden zur Verfügung, im Ganzen 1,9 Millionen Mann. Beeindruckende Zahlen, nur ließ der Zustand der Verbände zu wünschen übrig. Es herrschte Treibstoffknappheit, rund 50 % der Panzer und 22 % der Kraftfahrzeuge fehlten, den hohen personellen Verlusten stand zum Teil mangelhafter Ersatz gegenüber, es gab nicht genügend wintertaugliche Ausrüstung, und fast alle schnellen Verbände gingen ohne Auffrischung von einer Schlacht in die andere.

Trotzdem gewann Bock die erste Runde in dem jahreszeitlich gesehen zu spät gesuchten Entscheidungskampf. In den Kesselschlachten von Vjaz'ma und Brjansk vernichtete er neun sowjetische Armeen. 673 000 Gefangene wurden eingebracht. Aber das Land besaß einen unbeugsamen Widerstandswillen, riesige Reserven an Panzern und Artillerie sowie – einschließlich der zu mobilisierenden Reservisten – 14 Millionen Soldaten.

Der Herbstregen und die folgende Schlammperiode stoppten ab Mitte Oktober die Angriffsoperationen für gut drei Wochen. Als der gefrierende Boden ideale Bedingungen für weiträumige schnelle Panzeroperationen schuf, setzte Bock die Offensive am 15. November fort. Anfang Dezember verlief die Front 20 bis 60 km westlich von Moskau.

Dort hatte Stalin die Schlammpause genutzt, um die Verteidigung vorzubereiten. Das bedeutete Teilevakuierung der Bevölkerung und des Staatsapparats, Verhängung des Belagerungszustands, Heranführen ausgeruhter, modern ausgerüsteter Verbände aus den asiatischen Landesteilen und Ernennung von Armeegeneral Georgij K. Zukov, dem Sieger von Nomonhan-Haruha, zum Oberbefehlshaber der Heeresgruppe West.

Hingegen fehlten Bock nach dem verlustreichen Herankämpfen an die sowjetische Hauptstadt operative Reserven, um noch einmal nachsetzen zu können. Einige Teile seiner Heeresgruppe waren blockiert, andere am Ende der Kräfte. Und am 4. Dezember kam die Kälte, die das Ostheer unvorbereitet traf: minus 40° Celsius! Damit lagen unter anderem die motorisierten Patrouillen fest, welche die zwischen den Frontabschnitten bestehenden Lücken überwachten. Als die Rote Armee am 6. Dezember zur Gegenoffensive antrat, brach sie an eben jenen Stellen durch und bewirkte, was Halder die größte militärische Krise in zwei Weltkriegen nannte. Brauchitsch, Bock und andere gingen. Ab dem 19. Dezember führte Hitler das Heer operativ als Oberbefehlshaber selbst.

Er befahl Halten um jeden Preis, alle Frontbegradigungen bedurften seiner Genehmigung.

Die ausgehungerten, frierenden, medizinisch kaum versorgten Soldaten, niedergeschlagen wegen enormer personeller Verluste und der Einbußen an Waffen, Zugmitteln, Gerät sowie Ausrüstung, sollten durch fanatischen Widerstand zu alter Kampfmoral zurückfinden. In der Tat fing sich die Truppe. Als die Schneeschmelze die sowjetischen Angriffe beendete, hielt die Heeresgruppe Mitte im März 1942 eine zickzackförmige Frontlinie etwa 150 km westlich von Moskau. Die Deutschen verdankten das nicht zuletzt Stalin. Statt, wie von Zukov beabsichtigt, Smolensk frontal anzugreifen, befahl er die Umfassung der Heeresgruppe Mitte. Ein Unterfangen, das die damaligen operativen Fähigkeiten der Roten Armee überforderte.

Unbeschadet der Stabilisierung der Front ist festzustellen, dass sich Hitlers Kriegsmaschine von den Auswirkungen dieser Niederlage nie mehr erholte. Unstrittig ist ferner, dass „Barbarossa" keines der gesteckten Ziele erreichte. Denn die „Masse des russischen Heeres" entzog sich der Vernichtung. Die Wirtschaft der Sowjetunion blieb intakt. In den besetzten Gebieten stellten sich nicht die erwarteten Ausbeutungserfolge ein. Und schon 1942 übertraf die sowjetische Rüstung die deutsche um ein Vielfaches. Das wurde besonders deswegen möglich, weil es gelungen war, nach dem Überfall 2593 Rüstungsbetriebe, darunter 1523 große, aus dem gefährdeten Westen in den sicheren Osten des Landes zu verlegen, die zivile Produktion rigoros auf militärische umzustellen sowie neue Rüstungsfabriken in Betrieb zu nehmen.

Woran scheiterte der einzige als Blitzkrieg geplante deutsche Feldzug? Regen, Schlamm und eine extreme Kältewelle fielen gewiss ins Gewicht. Nur sind das in der Sowjetunion keine außergewöhnlichen Naturerscheinungen. Dass sie überraschten, verweist auf die zentrale Ursache: Eine allzu riskante Planung, die zudem den Gegner leichtfertig unterschätzte.

Hitler verlor Ende 1941 seinen Hauptkrieg und zugleich, im Rückblick erwartungsgemäß, den Krieg. Das vom Kriegseintritt Tokyos und Washingtons flankierte Desaster vor Moskau fixierte für das Dritte Reich die strategische Kriegswende – die Niederlage! Der eine oder andere in der deutschen Führung hat dies wohl erkannt, aber bei Hitler selbst ist eine derartige Einsicht nicht nachzuweisen. Ob er den Krieg vor seinem Freitod am 30. April 1945 jemals als absolut verloren ansah, ist schwer zu sagen. Seine diesbezüglichen Aussagen enthalten, wenn die Chronologie, der situationsbedingte Zusammenhang und das praktische Geschehen beachtet werden, zahlreiche Widersprüche, die unterschiedliche Auslegungen erlauben. Dennoch entsteht am Ende der Eindruck, dass es ihm gelang, sogar der übelsten Situation noch positive Seiten abzugewinnen. Ihn beherrschte, unbeschadet depressiver Stimmungsphasen, die Überzeugung, dass eine „Lage niemals hoffnungslos" ist. Tatsächlich gab er den Glauben, wenn schon nicht an den Sieg, so doch an *sein Davonkommen*, offenbar nie auf. Man weiß, wie sehr er sich dabei selbst im Wege stand.

2. Verbrecherische Kriegführung und Völkermord

Nein, und dies beschrieb ein erklärtes Ziel der Alliierten, Massenmörder wie Hitler sowie seine Gehilfen in der SS, der Waffen-SS, im Sicherheitsdienst, in der Polizei und der Wehrmacht beziehungsweise in einer der vielen Parteiorganisationen durften nicht *davonkommen*. Auf ihr Konto gingen der Genozid an Europas Juden, die so genannte Euthanasie und der Tod Zigtausender unschuldiger Menschen in fast allen besetzten Ländern: Kinder, Frauen, Greise und Männer jeden Alters. Sie starben, oft auf grausamste Weise, bei Repressalien nach Anschlägen sowie Sabotageaktionen und im Rahmen der Partisanenbekämpfung, bloß weil sie verdächtig erschienen, mit den „Banden" zusammenzuarbeiten. Selbst wenn hierbei anerkannt wird, dass der bewaffnete Widerstand das Okkupationsregime zusätzlich brutalisierte, so darf doch nicht vergessen werden, dass letzterer de facto eine Notwehrreaktion auf Aggression und Besatzungsherrschaft darstellte!

Der kriminelle Charakter der nationalsozialistischen Kriegführung begründete sich darin, dass die Regierung, für die deutsche Soldaten von 1939 bis 1945 kämpften, Kriegsverbrechen und Verbrechen gegen die Menschlichkeit beging oder befahl. Dabei bestand im Ganzen gesehen zwar ein quantitatives, aber kein qualitatives Ost-West-Gefälle. Die ethische Hemmschwelle bei staatlich verordnetem Mord lag auch bei auf dem Balkan, in Frankreich und Italien eingesetzten Deutschen sehr niedrig. Selbst dann, wenn die Befehlsverweigerung rechtlich möglich gewesen wäre, rekurrierte darauf nur eine verschwindend kleine Zahl der Uniformträger. Als typisch für die diesbezügliche Grundeinstellung deutscher Militärs kann deren Verhalten bei einem der entsetzlichsten Kriegsverbrechen des Zweiten Weltkriegs gelten, der nach Italiens Kriegsaustritt (8.9.43) aufgrund von drei „Führerbefehlen" erfolgten Ermordung von ungefähr 7000 kriegsgefangenen oder sich ergebenden italienischen Soldaten, die sich, wie vom König befohlen, gegen ihre Entwaffnung und die Besetzung des Landes durch die Wehrmacht gewehrt hatten. Nur eine Handvoll Offiziere tat, was jeder deutsche Soldat sowie SS-Angehörige hätte tun können, und verweigerte die Ausführung der Mordbefehle. All das entlarvt die Behauptung, dass dem kriminellen Ostkrieg ein penibel völkerrechtskonformes Verhalten im Westen korrespondierte, als Mythos.

Zu den deutschen Kriegsverbrechen zählte ferner die Deportation von Männern sowie Frauen zur Zwangsarbeit. Die Opfer wurden zuweilen bei regelrechten *Sklavenjagden* festgenommen. 1944 belief sich ihre Zahl, 1 831 000 arbeitende Kriegsgefangene und Militärinternierte inbegriffen, auf 7 126 000. Das entsprach 24 % der in der Kriegswirtschaft tätigen Personen. Andere Schätzungen sprechen von 14 Millionen Zwangsarbeitern.

Auch das Massensterben von etwa 3,3 Millionen der 5,7 Millionen kriegsgefangenen Rotarmisten verletzte internationales Recht. Es ist weder allein mit einem Notstand noch mit einer generellen Vernichtungsabsicht zu erklären. Ursächlich dürfte die mit den verbrecherischen „Barbarossa"-Befehlen geförderte rassistische Verachtung des Slawen gewesen sein. Diese zeigte sich insbesondere im Verhalten der obersten Führung, die das Los sowjetischer Kriegsgefangener in der Regel nicht rührte.

Über das hier lediglich angedeutete menschliche Elend hinaus verantworteten Täter, Mittäter und Mithelfer des NS-Regimes den Völkermord an den europäischen Juden, der 1939 in Polen als partiell verwirklichter Genozid begann und sodann im Ostkrieg fortgesetzt wurde. Hierbei erschossen rund 3000 Mann der Einsatzgruppen A, B, C und D ab dem 22. Juni 1941 zuerst männliche Juden, ein paar Wochen später auch Kinder und Frauen – bis April 1942 circa 560 000 jüdische Menschen. Die verbreitete Formulierung „Endlösung der Judenfrage" drückte für das NS-Regime seit dem Frühsommer 1941 den festen Willen aus, alle Juden in seinem Einflussbereich gewaltsam zu töten. Hitler ging damit zum total realisierten Genozid über. Ein von ihm ausgefertigter Befehl für den Massenmord ist zwar bislang nicht aufgetaucht, aber das erscheint unerheblich, da Äußerungen des „Führers" – in seinen Reden, Monologen und in den Bormann-Diktaten – einer Selbstbezichtigung gleichkommen. In jenen Quellen ist er die Zentralfigur des Völkermords. Ein Sachverhalt, den Himmler bestätigte. Es muss wohl von mündlichen Weisungen für die „Endlösung" ausgegangen werden.

Jedenfalls ist die Annahme, die Durchführung des Genozids sei am 20. Januar 1942 auf der so genannten Wannseekonferenz beschlossen worden, falsch. Das Treffen Reinhard Heydrichs, Chef der Sicherheitspolizei und des SD, mit hochrangigen Repräsentanten einiger Ministerien, Ämter und Dienststellen in Berlin sollte zum einen klarmachen, dass einzig der Reichsführer SS für den Genozid zuständig war, und es diente zum anderen dazu, Richtlinien für die reibungslose Zusammenarbeit bei der Schaffung eines „judenfreien Europas" zu vereinbaren. Dabei unterstellten die Konferenzteilnehmer, dass maximal 11 Millionen Juden zu vernichten wären.

Wenn die SS und ihre Helfer die 1941 beschlossene „Endlösung" erst ab März 1942 im großen Stil praktizierten, so lag das vor allem daran, dass die Organisatoren, weil sich das Erschießen der Juden als zu zeitaufwendig und kostspielig sowie für die Mörder als nervenaufreibend herausgestellt hatte, eine fabrikmäßige, technisierte, so weit wie möglich entpersonalisierte Tötung anstrebten. Dafür mussten zunächst die infrastrukturellen Voraussetzungen geschaffen werden. Doch schon im zweiten Halbjahr 1941 gab es Experimente mit Gaswagen und dem in Gaskammern eingesetzten Giftgas Zyklon B.

Parallel dazu dehnte man die Deportationen in Ghettos aus. Sie nahmen im Herbst 1939 mit polnischen Juden ihren Anfang und erfassten 1940 in Pommern sowie Baden und der Saarpfalz erstmals rund 7900 deutsche Juden. Im Oktober 1941 setzte die systematische Verschleppung der letzteren nach dem Osten ein, und im Frühjahr 1942 folgten die jüdischen Menschen, die in den von Deutschland besetzten Ländern lebten.

Die Ghettoisierung geschah ursprünglich in der Absicht, die Juden weit nach Osten abzuschieben. Dabei dachten die Nazis bevorzugt an Gegenden, die, wie beispielsweise die Eismeerküste, eine hohe Sterblichkeit garantierten. In jenes Vernichtungsszenario fügte sich unter anderem der Generalplan Ost ein, der die Vertreibung von 31 Millionen Menschen aus den Baltischen Ländern, dem Generalgouvernement und den westlichen Teilen der Sowjetunion nach Sibirien vorsah. Mit dem Kriegsverlauf erledigten sich diese territorialen Lösungsansätze, die einer zutiefst inhumanen Germanisierungs- und Lebensraumpolitik entsprangen, von selbst.

Insgesamt betrachtet entwickelten sich die Ghettos, in denen 500 000 Menschen elendiglich starben, für ihre Bewohner zu wahren Vorhöfen der Hölle. Niemanden und schon gar nicht die Verwaltungsbürokraten in den besetzten Ostgebieten konnte es überraschen, dass die Ghettoisierung, das Zusammenpferchen zu vieler und in jeder Hinsicht unterversorgter Menschen auf knappstem Raum, zahlreiche Probleme hervorrief: Bewusst herbeigeführte Sachzwänge, welche die Verantwortlichen später zitierten, um immer drängender radikalste, selbst mörderische Lösungen zu verlangen. Als sodann Japans Überfall auf Pearl Harbor (7.12.41) zum Kriegseintritt der Vereinigten Staaten führte, fasste Goebbels die daraus zu ziehende Konsequenz am 13. Dezember 1941 in seinem Tagebuch lakonisch zusammen: „Der Weltkrieg ist da, die Vernichtung des Judentums muß die notwendige Folge sein." Der Rückgriff auf die Prophezeiung des „Führers" vom Januar 1939 ist offenkundig.

Hitlers Entscheidung für den Mord an den Juden entsprach seinem rassenpolitischen Kriegsziel. Zugleich genügte sie den erwähnten, so genannten Sachzwängen. Ausschlaggebend bei der Entschlussfassung dürfte jedoch die programmatische Zielsetzung gewesen sein. Denn es ist nicht anzunehmen, dass äußerer Zwang – ohne Hitlers ideologische Fixierung – zum Völkermord geführt hätte. Umgekehrt ist das durchaus vorstellbar. Der Vollzug des Genozids blieb der Öffentlichkeit nicht völlig verborgen. Es gab Gerüchte und konkrete Informationen. Im Übrigen mussten die Volksgenossen bloß lesen, was Goebbels dazu etwa am 16. November 1941 in der NS-Wochenzeitung „Das Reich" schrieb, und genau zuhören, wenn Hitler beziehungsweise Himmler sprach. Wer sich zu informieren versuchte, der konnte zumindest erahnen, was geschah. Und 1942 wusste die Staatenwelt samt Vatikan über den Massenmord an den Juden Bescheid. Dass letzte Details unbekannt blieben, vermag nicht zu vermitteln, warum so gut wie nichts geschah. Hierzu gibt es Erklärungen, nur bisher keine, die befriedigen könnte.

Wie die Ausrottung der europäischen Juden, die zu mehr als sechs Millionen verhungerten, erschlagenen, totgearbeiteten, erschossenen sowie vergasten Menschen führte, gehörte der Völkermord an den „Zigeunern" zu den rassenpolitischen Zielen der Nazis. Im Frieden schikaniert und terrorisiert, erfolgte seit Mai 1940 ihre Deportation in besetzte polnische Gebiete. Dort ermordete man Sinti und Roma ab 1943 an verschiedenen Orten durch Gas sowie Massenexekutionen. Die Zahl der Opfer ist umstritten, sie wird meist mit über 200 000 angegeben.

Bleibt die Frage, welche Rolle die Wehrmacht als Organisation bei alldem spielte. Die Antwort fällt nicht schwer. Bekanntermaßen erfuhr ihre Führung von Hitler (26.5.44) und Himmler (25.1.44) persönlich, was mit den Juden passierte. Zudem kooperierte sie seit Kriegsbeginn bei den im Osten an Juden verübten Massakern mit den Einsatzgruppen der Sicherheitspolizei und des SD. Auf dem Balkan nahm das Heer der SS sogar teilweise die Arbeit ab. Höchste Offiziere verlangten von ihren Untergebenen Verständnis für das den so genannten jüdischen Untermenschen zugefügte Leid. Und die Vernichtungslager, das läßt sich schwerlich ignorieren, arbeiteten hinter dem Schutzschild des Ostheers. Das Fazit – ohne Duldung, auch Gutheißen des Genozids durch die, im weiteren Sinn des Worts verstanden, Wehrmachtführung wäre der Völkermord nicht möglich gewesen.

3. Weltpolitische Entscheidungen im zweiten Halbjahr 1941

Im Sommer 1941 scheint Hitler alles für machbar gehalten zu haben. Mitte Juli sprach er – überzeugt, dass der Ostfeldzug bereits gewonnen sei – gegenüber Tokyos Botschafter Oshima absichtsvoll von einem globalen antiamerikanischen Offensivbündnis. Nach „Barbarossa" könnten und sollten Deutschland und Japan gemeinsam die Vereinigten Staaten „vernichten".

Das Hirngespinst eines Weltblitzkriegs mag Hitler kurzzeitig fasziniert haben. Als geschichtsträchtiger erwies sich die Tatsache, dass sich nach dem Angriff auf die Sowjetunion eine informelle „Anti-Hitler-Koalition" anbahnte. Eine *Grand Alliance* zwischen London, Moskau und Washington, die über ein ungeheures Wirtschaftspotential und 75 % der personellen sowie materiellen Reserven der Erde verfügte. Zu Beginn der neuen strategischen Frontbildung übernahmen amerikanische Truppen am 7. Juli britische Stützpunkte auf Island. Praktisch wurden die von Berlin zum uneingeschränkten Operationsgebiet erklärten Gewässer um die Insel damit in eine von Präsident Roosevelt definierte Sicherheitszone einbezogen. Ferner erhielt die *US Navy*, nach dem Angriff eines deutschen U-Boots auf einen ihrer Zerstörer, am 11. September Schießbefehl gegen Kriegsschiffe der Achsenmächte, die in Seegebieten operierten, die für die eigene Verteidigung wichtig erschienen. Da Hitler daran lag, die Vereinigten Staaten bis zum Sieg über Stalin vom Krieg fernzuhalten, nahm er die Provokation hin. Vom selben Tag stammt ein Memorandum des Generalstabs (*Joint Chiefs of Staff committee*), das, den Kriegseintritt vorausgesetzt, die militärische Niederwerfung des Dritten Reichs und die Wahrung der Integrität der Philippinen, Malayas, Niederländisch-Indiens, Australiens, Burmas sowie Chinas empfahl. Die weltumfassende Dramatik des zweiten Halbjahrs 1941 erreichte am 9. Oktober, als sich der Präsident für den beschleunigten Bau der Atombombe entschied, ihren Höhepunkt: ein schicksalhafter Entschluss.

Bereits am 12. Juli hatten London und Moskau ein Übereinkommen unterzeichnet, in dem sie sich im Krieg gegen „Hitler-Deutschland" totale Unterstützung zusicherten und einen Sonderfrieden oder einseitigen Waffenstillstand ausschlossen. Stalin wollte eigentlich mehr. Um die mit dem Rücken zur Wand kämpfende Rote Armee zu entlasten, drängte er die britische Regierung seit dem 18. Juli, auf dem europäischen Kontinent eine zweite Front zu errichten. Das Vereinigte Königreich sah sich hierzu außerstande.

Große Schwierigkeiten der sowjetischen Kriegführung resultierten aus den riesigen Materialverlusten, die Stalins Truppen 1941 erlitten. Roosevelt und Churchill wussten das, und anlässlich bilateraler Beratungen vom 9. bis 14. August – die das Ziel der „endgültigen Zerstörung der Nazi-Tyrannei" bestätigten und mit der Verkündung von in der Atlantik-Charta zusammengefassten Friedenszielen endeten – schlugen sie Stalin deshalb eine Drei-Mächte-Konferenz vor. Experten sollten klären, was die Sowjetunion sofort brauchte. Amerikaner, Briten und Sowjets verhandelten darüber ab dem 28. September in Moskau. Sie vereinbarten, dass der Roten Armee bis zum Juni 1942 Flugzeuge, Panzer, 5000 Jeeps und 85 000 Lastkraftwagen geliefert würden. Im Hinblick darauf erwies sich der Einmarsch von sowjetischen sowie britischen Truppen in den neutralen, aber deutschfreundlichen Iran (25.8.41) als vorteilhaft. Danach konnten nämlich neben Murmansk und Archangel'sk auch die Häfen des Persischen Golfs für die Versorgung der Sowjetunion mit Waffen, Gerät und Gütern aller Art genutzt werden.

Stalin zeigte sich allerdings von den Besprechungsergebnissen enttäuscht. Aus seiner Sicht blieb die Sowjetunion unnötigerweise ganz auf sich allein angewiesen. Das traf zwar nicht zu, doch sein früher Argwohn wirkte sich nachhaltigst auf die sowjetische Politik aus. Nichtsdestoweniger überstand die *Grand Alliance* – was besonders Hitlers Erwartungen zuwiderlief – bis zum Ende der Kampfhandlungen alle Krisen sowie Belastungen. Sie richtete sich im Übrigen vor dem 8. August 1945, an dem Moskau den japanisch-sowjetischen Nichtangriffspakt aufkündigte und Tokyo den Krieg erklärte, nur gegen das Dritte Reich und seine europäischen Verbündeten. Das japanische Problem betraf bis dahin im Wesentlichen lediglich Großbritannien und die Vereinigten Staaten.

Wie dargelegt entschied sich Tokyo im Juni 1941 für den Vorstoß nach Süden. Mit dem erzwungenen Einverständnis des Vichy-Regimes rückten am 24. Juli 40000 Soldaten in Süd-Indochina ein. Roosevelt ließ daraufhin die japanischen Guthaben in den Vereinigten Staaten sperren, was einem umfassenden Handelsembargo gleichkam. Großbritannien, seine Dominions und die Niederlande schlossen sich dem an. Das brachte es mit sich, dass zum Beispiel sämtliche Öllieferungen nach Japan aufhörten. Da dessen Ölvorräte, auf den Friedensverbrauch bezogen, ohne Importe allenfalls für 24 Monate ausreichten, musste die kaiserliche Regierung handeln. Sie besaß drei Reaktionsmöglichkeiten: Gespräche über die Aufhebung des Embargos, Hinnahme verringerter wirtschaftlicher und militärischer Aktionsfähigkeit sowie gewaltsame Expansion, um die dem Land fehlende Rohstoffbasis zu erkämpfen.

Amerikaner und Japaner wussten, dass es im Extremfall um Krieg oder Frieden ging. Deswegen setzten sie die Verhandlungen vorerst fort. Ins Gewicht fielen zudem Bedenken amerikanischer Generäle und Admiräle, die meinten, dass die eigenen Streitkräfte für einen Zwei-Ozeane-Krieg noch nicht gewappnet seien. Mehr Zeit für die militärischen Vorbereitungen wäre ihnen willkommen gewesen. Und einigen ihrer japanischen Kollegen war klar, dass sie die Vereinigten Staaten nicht im Frontalangriff niederzuringen vermochten. Es gab in Tokyo durchaus warnende Stimmen – und das mit Recht. Denn die Siegeshoffnungen der Falken beruhten auf der optimistischen Annahme, dass gewaltigen japanischen Anfangserfolgen eine Art Pattsituation folgte, in der es dann zu Friedensverhandlungen sowie der Anerkennung der Eroberungen kommen würde. Eingedenk der Gegnerkoalition und ihrer globalstrategischen Möglichkeiten bedeutete das ein ziemlich gewagtes Spiel. Es sollte, als sich eine Verbindungskonferenz am 1. November einmal mehr für den Krieg entschieden hatte, Anfang Dezember eröffnet werden. Weniger als vier Wochen vorher trafen sich amerikanische und japanische Diplomaten zu einer weiteren Gesprächsrunde, um das Ausgleichsproblem erneut auszuloten und den Frieden doch noch zu bewahren. Den entscheidenden Personen im Kaiserreich lag zu jenem Zeitpunkt freilich einzig und allein daran, durch Täuschung der Amerikaner die japanische Ausgangsposition für den Krieg zu verbessern!

Tokyo konfrontierte Washington mit zwei Vorschlägen. Der erste erschien völlig inakzeptabel, doch der zweite stieß nicht nur auf Ablehnung. Er lief darauf hinaus, sich zunächst über einen modus vivendi zu verständigen, um später den Interessenausgleich zu verwirklichen. Eine Überlegung, die Washington, das durch MAGIC mehr wusste als die Japaner ahnten, am Ende verwarf, weil *White House* davon ausging, dass Nippon sich längst für den Krieg entschieden habe. Zudem protestierte Chiang Kaishek, der, von Churchill unterstützt, befürchtete, dass ein solcher Lösungsansatz China benachteiligte.

Roosevelt entschloss sich nunmehr zum Befreiungsschlag. Er präsentierte der kaiserlichen Regierung Forderungen, die keine Ausflüchte gestatteten: Rückzug der Truppen aus China sowie Indochina, Anerkennung der Regierung Chiang Kaisheks und Abschluss eines amerikanisch-japanischen Abkommens, das bei inhaltlichen Kollisionen gegenüber dem Dreimächtepakt als vorrangig angesehen werden müsse. Mit dem Verlangen, sich aus China zurückzuziehen, wo die Japaner den uneingeschränkten Sieg anstrebten, stellte der Präsident die „Gretchenfrage". Tokyo empfand das als Provokation und befahl den Überfall auf den Flottenstützpunkt Pearl Harbor.

Auch für Ostasien gibt es keine Kriegsschuldfrage. Roosevelts ab und zu kompromisslose Politik bezweckte weder den Krieg, noch wollte sie Japan etwas wegnehmen. Seine Führung sollte lediglich zurückgeben, was sie anderen geraubt hatte – keine unbillige Forderung an einen selbstgerechten Aggressor.

4. Pearl Harbor – der Beginn des Weltkriegs

Die Verhandlungen in Washington dauern noch an, als im November ein japanischer Flottenverband, zu dem sechs Flugzeugträger gehören, Kurs auf das 6800 km entfernte Hawaii nimmt. 370 km nördlich der Insel starten in den Morgenstunden des 7. Dezember die Flugzeuge: Ziel Pearl Harbor. Die Angreifer erleiden unerhebliche Verluste, während die Amerikaner am Ende des Tages 2403 tote sowie 1178 verwundete Zivilisten und Soldaten beklagen. 164 Flugzeuge gelten als zerstört, 128 als beschädigt. Von 70 im Hafen befindlichen Kriegs- und Hilfsschiffen liegen sechs Schlachtschiffe, drei Zerstörer sowie ein Minenleger in seichtem Wasser auf Grund.

Bis auf zwei Schlachtschiffe traten sie – wie die getroffenen, aber nicht gesunkenen Einheiten – schon im Krieg wieder in Dienst. Die drei in See stehenden großen Flugzeugträger und die sie begleitenden Schweren Kreuzer blieben zwar intakt, da jedoch der Konflikt im Pazifik mehr als anderswo ein Seekrieg gewesen ist, befanden sich die Alliierten nach der Versenkung der amerikanischen und zweier britischer Schlachtschiffe (10. 12.) Ende 1941 in einer schwierigen Lage.

Pearl Harbor schockierte die Amerikaner. Es gab sieben Untersuchungsverfahren zur Klärung der Verantwortlichkeit. Gerüchte und Verdächtigungen unterstellten, dass Roosevelt den angeblich erkannten Überfall zugelassen habe, um das Land in den Krieg führen zu können. Hierfür gibt es bis heute keinen überzeugenden Beweis. Die Aggression traf die amerikanische Führung offenkundig unvorbereitet. Dass die Überraschung bei einer sorgfältigeren Lageanalyse eventuell zu vermeiden gewesen wäre, ist etwas ganz anderes. Als entscheidend erwies sich jedenfalls, dass die Militärs einen Luftangriff gegen die Basis nicht einkalkulierten, und dafür dürfte die Unterschätzung der operativen Fähigkeiten des Gegners ausschlaggebend gewesen sein. Hinzu traten von Washington zu verantwortende Informationsdefizite bei den Befehlshabern auf Hawaii, Unzulänglichkeiten in der Zusammenarbeit zwischen Heer und Marine, menschliches Versagen sowie eine erstaunliche militärische Sorglosigkeit auf der Insel.

Doch was vordergründig betrachtet wie ein Sieg aussehen mochte, bedeutete für Japan in Wahrheit ein Desaster. Scheiterte doch das Kalkül seiner Strategen, die nach der Eroberung von Faustpfändern Kompromissbereitschaft des Gegners und die Anerkennung der „Neuen Ordnung" erwarteten, schon am ersten Kriegstag. Die amerikanische Nation stand nach dem – wie Roosevelt ihn publikumswirksam nannte – „Tag der Infamie" zusammen wie ein Mann. Pearl Harbor entwickelte sich für Tokyo zum Garanten der Niederlage.

Als die Vereinigten Staaten Nippon den Krieg erklärten (8. 12.), mündete der europäisch-afrikanische Konflikt in den zweiten „Großen Krieg". Ende 1941 herrschte zwischen 38, zum Teil durch Exilregierungen vertretenen Staaten Kriegszustand.

Hitler, der vom Überfall auf den Inselstützpunkt aus dem „Feindrundfunk" erfuhr, zeigte sich sofort bereit, Roosevelt und seinem Land den Krieg zu erklären. Das geschah, gemeinsam mit Italien, am 11. Dezember. Kurz vorher unterzeichneten die drei Achsenmächte ein Abkommen, mit dem sie sich verpflichteten, bis zum Sieg gegen die Westmächte zu kämpfen und keinen einseitigen Waffenstillstand oder Frieden zu schließen.

Aus deutscher Sicht konnte Japans Kriegseintritt Washington daran hindern, sich wie im Ersten Weltkrieg, als amerikanische Truppen die Entscheidung herbeiführten, auf dem europäischen Kriegsschauplatz einzumischen. Der „Führer" meinte, durch den japanischen Schritt wenigstens eine Atempause gewonnen zu haben, die für den zweiten Feldzug gegen die Sowjetunion genutzt werden sollte. Nach der Eintragung in Goebbels' Tagebuch am 12. Dezember sah er die Lage im „Osten" nun nicht mehr als „allzu dramatisch" an. Effektiv aber hieß es für den Vabanquespieler Hitler bereits: rien ne va plus. Dass die Wehrmacht 1942 im Süden der Ostfront wieder operative Erfolge errang, änderte daran nichts. Die *Grand Alliance*, nicht Berlin entwarf die Zukunft der Welt. Als der britische Außenminister Anthony Eden im Dezember 1941 in Moskau weilte, deutete Stalin, der sein Land nach der souverän gemeisterten militärischen Krise als selbstbewusste Großmacht präsentierte, erstmals Kriegsziele an – Anerkennung der sowjetischen Westgrenze gemäß ihrem Verlauf am 21. Juni 1941 mitsamt den dahinter geschaffenen Verhältnissen, Einverleibung von Petsamo, Stützpunkte in Westrumänien, Teilung Deutschlands in Kleinstaaten und Gebietsabtretungen an Moskau sowie Warschau.

Wenig später, am 1. Januar 1942, unterschrieben 26 Staaten, auch die Sowjetunion, in Washington den Pakt der „Vereinten Nationen", der die demokratischen Prinzipien der Atlantik-Charta bestätigte. Zudem verpflichteten sich die Signatarmächte, keinen Separatfrieden mit Japan oder dem Deutschen Reich abzuschließen. Am 6. Januar erklärte Roosevelt die „Zerschmetterung des deutschen Militarismus" zum Kriegsziel; und am 14. Januar endete die erste Washingtoner Konferenz, Deckname „Arcadia", auf der Briten und Amerikaner strategische Fragen erörterten. In Ostasien wollten sie die für den Schutz ihrer Interessen zentralen Positionen halten und Japan den Zugriff auf kriegswichtige Rohstoffe verwehren. Es blieb ferner beim „Germany first" und der Absicht, baldmöglichst auf den europäischen Kontinent zurückzukehren. Dazu sollte der Ring um das Reich geschlossen und stetig enger gezogen werden: durch Seeblockade, die nach Wegfall der sowjetischen Lieferungen an Bedeutung gewann, und Bombenkrieg, Subversion, massive materielle Unterstützung Stalins sowie Inbesitznahme der nordafrikanischen Küste.

Zu letzterer schickten sich die Briten seit einiger Zeit an. Sie hatten, an Panzern und Flugzeugen deutlich überlegen, am 18. November 1941 an der Sollumfront die Operation „Crusader" begonnen. Nach für beide Seiten extrem verlustreichen Kämpfen mussten sich die deutsch-italienischen Truppen ab dem 8. Dezember aus der Cyrenaica zurückziehen. Anfang 1942 kam die Front im Raum El Agheila–Marsa el Bregha zum Stehen.

Aufgefrischt und versorgt mit neuem Material sowie Treibstoff starteten die Achsenstreitkräfte am 21. Januar eine Gegenoffensive. Nach fünf Monaten nahmen sie die 1941 vergeblich berannte Festung Tobruk und drängten die Briten bis Ende Juni auf eine Verteidigungslinie bei El Alamein zurück. Rommel unternahm am 1. Juli einen übereilten Angriff, der nach drei Tagen zum Erliegen kam. Somit blieb der Weg nach Ägypten vorerst versperrt. Die endgültige Entscheidung fiel im Oktober 1942. Bis dahin dominierten die Kämpfe in der Sowjetunion und Tokyos Kriegführung in Südostasien das Geschehen.

5. Japans Expansion in die strategische Sackgasse

Im Dezember 1941 zählte das japanische Heer 2,08 Millionen Mann, das Gros lag in China und der Mandschurei. Die Truppen, teilweise vom Abnutzungskrieg gegen die Chinesen schwer gezeichnet, verteilten sich auf 51 Kampfdivisionen und 58 Brigaden oder ähnliche Verbände: Vier Divisionen und 11 Brigaden standen im Mutterland, zwei Divisionen in Korea, 13 Divisionen und 24 Brigaden in der Mandschurei, 21 Divisionen und 20 Brigaden in China sowie 11 Divisionen und drei Brigaden in Südostasien. Hinzu kamen fünf Fliegerdivisionen der Heeresflieger mit rund 1500 Flugzeugen. Motorisierung und Panzerkomponente der Verbände genügten nicht dem europäischen Standard.

Nippons Marine besaß 10 Schlachtschiffe, 10 Flugzeugträger, sechs Flugzeugmutterschiffe, 18 Schwere sowie 20 Leichte Kreuzer, 113 Zerstörer und 65 U-Boote, darunter 21 veraltete. Als leistungsstark galten die Marineflieger, die über annähernd 700 bord- und 1400 landgestützte Flugzeuge verfügten.

Das militärische Potential des Kaiserreichs stellt sich lediglich beim ersten Blick eindrucksvoll dar. Langfristige Bewertungen hätten nämlich zu berücksichtigen, dass Japan seinen Friedensbedarf an Rohöl, Eisenerz und Blei zu über 80 %, an Schrott, Zinn, Zink und Aluminium zu mehr als 50 %, an Kupfer und Stahl zu mindestens 33 % mit Einfuhren deckte. Eine solche Importabhängigkeit schränkte die operativen Möglichkeiten der japanischen Kriegsmaschine stark ein, weil es in einem langen Krieg schwer fallen würde, die Front zu nähren. Als die Inbesitznahme der südostasiatischen Rohstoffgebiete nicht zum erwarteten Ausgleich führte, lebte das Land, dessen Regierung leichtfertig von einem kurzen Krieg ausgegangen war und daher in Bezug auf die Einfuhrgüter keine ausreichenden Vorräte besaß, quasi von der Hand in den Mund.

Die Tatsache, dass amerikanische U-Boote und Flugzeuge in jedem Kriegsjahr mehr Handelsschiffe versenkten, als Japans Werften bauten, erschwerte die Lage zusätzlich. Nippon, das in Friedenszeiten ein Drittel der Importe auf fremden Schiffen transportierte, verfügte im Dezember 1941 über eine Handelsflotte von sechs Millionen BRT. Bis zum Kriegsende verlor es 259 Tanker und 2086 Frachtschiffe (8,6 Millionen BRT). Den Verlusten standen Neubauten mit 3,3 Millionen und Prisen mit 823 000 BRT gegenüber. Für das Inselreich kündigte sich ein Versorgungsdesaster an. In der Tat zählte der im Jahr 1945 einsetzbare japanische Frachtraum ganze 557 000 BRT. Hier ist darauf hinzuweisen, dass von 1939 bis 1945 auf amerikanischen Werften 5777 Handelsschiffe mit 40 Millionen BRT vom Stapel liefen. Jenes Bauvolumen spricht für sich – verglichen mit den Aggressoren spielten die Vereinigten Staaten strategisch in einer anderen Liga.

Japans Einfuhren von kriegswichtigen Rohstoffen aller Art nahmen nach dem 7. Dezember 1941 situationsbedingt drastisch ab. Tokyo sah sich schon 1942 mit erheblichen Engpässen konfrontiert, sei es in der Rüstungsproduktion, sei es bei der Herstellung von Konsumgütern. Gleichzeitig traten gravierende Defizite in der nationalen Wirtschaftsorganisation zutage. Dass es dennoch gelang, 1943 und 1944 in einzelnen Bereichen, etwa bei der Flugzeugfertigung, bemerkenswerte Steigerungsraten zu erzielen, änderte im Grundsätzlichen nichts. Nippon fertigte zwar von 1941 bis zum Kriegsende etwa 70 000 Flugzeuge jeder Art, aber wie bei der Werftkapazität existierte hinsichtlich der Flugzeugherstellung eine erdrückende Überlegenheit der Vereinigten Staaten. Aufgerundet lieferten von 1940 bis 1945 amerikanische Fabriken 300 000 Flugzeuge aus, sowjetische 147 000 und deutsche 109 600 – ein Beispiel unter vielen, das zeigt, dass der Krieg durch die Einbeziehung der Vereinigten Staaten eine neue Dimension bekam. Der Ausbau der amerikanischen Streitkräfte bestätigte dies.

Das Heer, das 1940 kaum 270 000 Mann zählte, die sich auf 13 Divisionen und kleinere Einheiten verteilten, war im Dezember 1941 noch weit entfernt von den unter anderem geplanten 11 Armeen, 26 Armeekorps und 90 Divisionen (22 für den pazifischen und 68 für den europäischen Kriegsschauplatz), einschließlich 16 Panzerdivisionen. Als Japan angriff, umfassten *US Army* und *US Army Air Force* annähernd 1 657 000 Männer und Frauen: 1 303 000 dienten in den Landstreitkräften und davon 867 000 in Erdkampfverbänden sowie deren Unterstützungstruppen. Ein Jahr später hatte sich der Personalbestand auf in etwa 5 399 000 Soldaten und Soldatinnen erhöht. Bis zum März 1945 wuchs er auf rund 8 157 000 Personen an, wovon ungefähr 5 849 000 zu den Landstreitkräften und hiervon fast 2 754 000 zu den Erdkampf- sowie Unterstützungseinheiten gehörten.

Wie in Japan gab es in den Vereinigten Staaten keine selbständige Luftwaffe, vielmehr verfügten Heer und Marine über Luftkomponenten. In den Reihen der *US Army Air Force*, die sich maximal aus 16 Luftflotten zusammensetzte, standen im

Dezember 1941 bis zu 271 000 Männer und Frauen, im März 1945 waren es rund 1 831 000. Im Kriege übernahm die Heeresluftwaffe circa 158 800 Flugzeuge, darunter 51 220 Bomber und 47 050 Jäger. Bei 2 363 800 Einsätzen gingen 23 000 Maschinen verloren.

Die *US Navy* verfügte im September 1939 über 15 Schlachtschiffe, fünf Flugzeugträger, 18 Schwere und 19 Leichte Kreuzer, 61 U-Boote sowie zahlreiche Zerstörer und Geleitfahrzeuge. Besagte Einheiten verteilten sich auf die Pazifikflotte, die Asienflotte sowie das Atlantikgeschwader (ab Februar 1941 Atlantikflotte), das am 5. September 1939 seine Patrouillenfahrten aufnahm. Zusammensetzung und Stärke der Flotten änderten sich wiederholt. In der *US Navy* taten im Juli 1940 203 127, Ende 1941 bereits 486 226 Mann Dienst: 383 150 in Land- und Bordkommandos, 75 346 im Marinekorps und 27 730 in der Küstenwache. Bis zum August 1945 erhöhte sich die Gesamtzahl der Marineangehörigen auf 4 064 455, wovon 485 833 zum Marinekorps und 170 275 zur Küstenwache gehörten.

Vom 1. Juli 1940 bis zum 31. August 1945 bauten US-amerikanische Werften für die *Navy* 74 896 Schiffe und Boote. Darunter befanden sich 10 Schlachtschiffe, 27 Flugzeugträger, 111 Geleitflugzeugträger, 47 Kreuzer, 874 Zerstörer, 217 U-Boote sowie 66 055 Landungsschiffe und -boote. Zudem erhielt die Marineluftwaffe im gleichen Zeitraum 75 000 Flugzeuge, ihr Personalbestand stieg von 10 923 auf 437 524 Männer und Frauen an.

Die Pazifikflotte umfasste im Dezember 1941 acht Schlachtschiffe, drei Flugzeugträger, 21 Kreuzer, 67 Zerstörer und 27 U-Boote; zur Asienflotte gehörten drei Kreuzer, 13 Zerstörer, zwei Tender (Seeflugzeuge), sechs Kanonen- sowie 29 U-Boote. Hinzu traten zwei Schlachtschiffe, 17 Kreuzer und sechs Zerstörer Großbritanniens samt der Dominions sowie drei Kreuzer, sieben Zerstörer und 15 U-Boote der Niederlande.

Für eine erfolgversprechende Verteidigung erschienen die in Ostasien dislozierten amerikanischen, britischen sowie niederländischen Land- und Luftstreitkräfte unzureichend. Zwar konnte der Angreifer bei der Südexpansion bloß 11 Divisionen einsetzen, aber diese besaßen Kampferfahrung, und seine Flugzeuge beherrschten den Luftraum im Operationsgebiet. Im Wesentlichen fußte Japans Militärstrategie, die weder die Deutschen noch die Italiener kannten, auf einer genauen Zeit-Raum-Schwerpunkt-Planung sowie der Nutzung des Überraschungsmoments. Trotz des begrenzten Angriffspotentials hoffte Tokyo, seine Kriegsziele auf solche Weise erreichen zu können.

Die Hauptoffensive richtete sich gegen die unter amerikanischem Protektorat stehenden Philippinen und British-Malaya. Parallel dazu sollten Hongkong, die Gilbert-Inseln, der Bismarck-Archipel und die Inseln Wake sowie Guam besetzt werden. Anschließend wollte man Burma und Niederländisch-Indien angreifen. Japans Anfangserfolge übertrafen die schlimmsten Befürchtungen. Zehn Stunden nach Pearl Harbor war, begünstigt durch Fehler der lokalen amerikanischen Führung, die Hälfte der Flugzeuge auf den Philippinen zerstört. Am 8. Dezember begann die fast kampflose Besetzung Thailands. Gleichzeitig landeten japanische Einheiten an Malayas Ostküste, manövrierten ihren numerisch überlegenen Gegner geschickt aus und besetzten das Land. Singapur, die angeblich uneinnehmbare Festung kapitulierte am 15. Februar 1942 – die schwerste Niederlage in der britischen Militärgeschichte. Etwa 70 000 Mann gerieten in Kriegsgefangenschaft.

Auf den Philippinen landeten erste Invasionstruppen am 10. Dezember, zwölf Tage später ging das Gros der Angreifer an Land. Rund 50 000 japanische trafen auf ungefähr 29 000 amerikanische und 80 000 philippinische Soldaten. Im Februar 1942 trat eine Kampfpause ein. Aber nach der Kapitulation von Niederländisch-Indien am 8. März suchten Nippons Streitkräfte auf den Philippinen die Entscheidung. Die Masse der Verteidiger legte am 9. April die Waffen nieder, letzte Kontingente ergaben sich am 6. Mai und 9. Juni.

Schon Ende April 1942 eroberten die Japaner die Stadt Lashio, einen Endpunkt der Burmastraße. Sie unterbrachen damit die bedeutendste Landverbindung für Chiang Kaisheks

Nachschub aus westlichen Ländern. Die circa 12 000 Mann zählenden britischen Truppen zogen sich zurück, ihre Führung stellte sich auf die Verteidigung Indiens ein. Japan, das allein auf der Insel Wake vorübergehend einen Rückschlag erlitt, hatte im Juni 1942 seine mittelfristigen Ziele erreicht.

Das Kaiserreich verfügte nunmehr über die angestrebte Rohstoffbasis und wollte zur strategischen Defensive übergehen, um seinen Machtbereich zu konsolidieren. Dieser erstreckte sich von den Aleuten bis Java über eine Entfernung von 9500 km und maß von Burma bis zu den Gilbert-Inseln 8400 km. Nur dachten die Alliierten nicht daran, sich mit Tokyo zu arrangieren. Dass Washington Ende Februar 1942 in Ostasien die nahezu uneingeschränkte Führung in der *Grand Alliance* übernahm, wies auf Kampfentschlossenheit hin. Gleichzeitig wurde der pazifische Kriegsschauplatz in zwei große Operationsgebiete eingeteilt. Das eine, *South-West Pacific Area*, unterstand General Douglas MacArthur, das andere, *Pacific Ocean Areas*, Admiral Chester William Nimitz. Beiden lag vor allem daran, weitere Invasionen zu verhindern. Das gelang erstmals Anfang Mai in der fünftägigen See-Luft-Schlacht im Korallenmeer, die eine Premiere in der Seekriegsgeschichte darstellte. Ihr Verlauf machte es den Japanern, die bereits die Nordküste Neuguineas kontrollierten, unmöglich, Truppen bei Port Moresby im Südosten der Insel anzulanden.

Anfang Juni 1942 brach die *US Navy* der japanischen Marine bei Midway sozusagen das Rückgrat. Die Insel sollte wie die Aleuten zum Schutz der Ostflanke des Mutterlands und im Hinblick auf eine von der Marineführung insgeheim geplante Landung auf Hawaii besetzt werden. Außerdem beabsichtigte der Flottenchef, Admiral Isoroku Yamamoto, dem Gegner auf See eine entscheidende Niederlage beizubringen. Nach dem Scheitern des Vorhabens, bei dem Nippon vier Flugzeugträger einbüßte, sah sich das Land außerstande, im mittleren Pazifik weiträumige Angriffsoperationen durchzuführen.

Acht Wochen nach ihrem Erfolg landeten die Amerikaner am 7. und 8. August auf Guadalcanal sowie auf vier anderen

Inseln der Salomonen-Gruppe. Mit der Offensive bezweckten sie, die Bedrohung der Seeverbindungen nach Australien zu beseitigen. Für Japan erwuchs daraus die Gefährdung seines südlichen Defensivgürtels und seiner langfristigen, expansiven Australien-Strategie. Nicht zuletzt deshalb entwickelte sich das Ringen um Guadalcanal zu einem sehr verlustreichen triphibischen Abnutzungskampf. Als Tokyo ab dem 1. Februar 1943, einen Tag bevor die letzten Teile der deutschen 6. Armee in Stalingrad den Kampf einstellten, seine Truppen evakuierte, war der japanische Vormarsch überall zum Stillstand gekommen. Der Abwehrerfolg von Midway und der Sieg auf Guadalcanal markieren die Zeitspanne, in der die Alliierten in Ostasien die Oberhand gewannen. Ende 1942 sprachen selbst führende Japaner von der Überforderung der eigenen Kräfte.

6. Gräuel des Kriegs im Fernen Osten

Spätestens seit Guadalcanal kennzeichnete der Grundsatz „Töten oder getötet werden" das Verhalten vieler in Ostasien kämpfender Männer. Die Rede ist von einem Krieg, den Japans Soldaten seit 1931 schonungslos gegen sich selbst, aber zugleich mit unvorstellbarer Brutalität, ja bestialischer Grausamkeit in Bezug auf ihren „Feind" und die Zivilbevölkerung führten. Anders als in Europa ging es im Fernen Osten weder um die Ausrottung einer bestimmten ethnischen Gruppe noch handelte es sich um einen von der Staatsführung befohlenen Vernichtungskrieg. Die kaiserlichen Streitkräfte praktizierten letzteren vielmehr ganz selbstverständlich, obwohl alle Militärpersonen die „Regeln für den Felddienst" bei sich trugen. Sie verpflichteten, wie die „Zehn Gebote für die Kriegführung des deutschen Soldaten", die jeder Wehrmachtangehörige in den Händen hielt, zu völkerrechtskonformem Verhalten. Doch in einem Konflikt, in dem die Kontrahenten zunehmend rassistisch motiviert verfuhren, fanden derartige Weisungen offenbar wenig Beachtung. Nicht Menschen, sondern „weiße" und „gelbe Bastarde" sowie „Teufel" und „Halbaffen" bekämpften sich. Solche Herabsetzung schuf psychologische Distanz, machte den Gegner auch im Fernen Osten zum „Untermenschen". Seine Tötung erfolgte skrupellos, mitunter gar lustvoll sowie zum Sport, wenn etwa zwei japanische Offiziere öffentlich miteinander wetteiferten, wer von beiden schneller 150 Chinesen mit dem Samuraischwert zu töten vermochte.

Dass amerikanische und ihnen verbündete Truppen den Japanern ihre Kriegspraxis mit gleicher Münze heimzahlten und zum Beispiel keine Kriegsgefangenen machten, ist ebenso nachvollziehbar wie die Unbarmherzigkeit, mit der Soldaten der Roten Armee gegenüber der deutschen Zivilbevölkerung auf die von Männern der Wehrmacht, der Polizei und der SS in der Sowjetunion begangenen Scheußlichkeiten antworteten. Und doch stellten derartige Reaktionen durch nichts zu beschönigende oder relativierende Kriegsverbrechen dar. Dies gilt ebenfalls für den oft rachgierigen, nicht selten mörderischen Umgang mit der deutschen Minderheit in befreiten Ländern.

Die von Japanern verübten Gräueltaten umfassten Misshandlung und grausame Tötung von Kriegsgefangenen, systematisches Foltern, Deportation zur Zwangsarbeit sowie Vertreibung. Hinzu kam die so genannte Landbefriedung in China. Ein Euphemismus, hinter dem sich die antikommunistisch begründete Terrorisierung der Kleinbauern verbarg. Die kaiserliche Soldateska verfuhr nach dem Prinzip: „Alles töten, alles verbrennen, alles zerstören", was Plünderungen einschloss. Während einer „Bestrafungsoperation" in zwei chinesischen Provinzen ermordete das Militär 1942 über 250 000 Zivilisten. In Nordchina brachte es 2,3 Millionen Landesbewohner um. Gesprochen wird aber auch von 19 Millionen Toten sowie Flüchtlingen. Zu den übelsten Verbrechen japanischer Uniformträger zählt der organisierte, viehische sexuelle Missbrauch von in etwa 200 000 nichtjapanischen Frauen. Ein international besetztes Frauenkriegsgericht, das von Japan eine offizielle Entschuldigung und finanzielle Entschädigung für die Opfer verlangte, erkannte im Dezember 2000 in Tokyo darauf, dass der 1989 verstorbene Kaiser Hirohito an der millionenfachen Vergewaltigung zumindest moralische Schuld trage.

Nicht weniger verabscheuungswürdig sind die vom berüchtigten „Bataillon 731" durchgeführten Menschenversuche, die der Vorbereitung chemischer Kriegführung dienten. Über 3000 Asiaten, vom Säugling bis zum Greis, wurden dabei anscheinend bedenkenlos getötet.

Nippon säte Tod und Gewalt sowohl unter seinen Gegnern als auch den Völkern, die es mit der „Neuen Ordnung", der „Großostasiatischen Wohlstandssphäre" angeblich von der Kolonialherrschaft zu befreien beabsichtigte. In Wirklichkeit, das mussten die Betroffenen schmerzvoll erfahren, wollte Tokyo an die Stelle der europäischen Mächte treten. Rassistische Arroganz und grenzenlose Brutalität machten die Japaner bald allgemein verhasst. Ihre wahre Einstellung zu den anderen Asiaten manifestierte sich in dem verbreiteten Hang, sie körperlich zu züchtigen. Eine kulturpolitische, panasiatische, antiimperialistische, die japanische geistige Überlegenheit hervorhebende Werbekampagne des Ministeriums für Großostasien täuschte allenfalls kurzzeitig über das tatsächliche Wesen der propagierten „Neuen Ordnung" hinweg. Nach verhältnismäßig kurzer Zeit folgte den Anfangssympathien nationalistischer Kreise eine ablehnende beziehungsweise oppositionelle Einstellung zur Besatzungsmacht.

Es spricht Bände, dass wegen der katastrophalen Arbeitsbedingungen für Zwangsarbeiter in Japan beispielsweise von rund 670 000 dort zwischen 1939 und 1945 ausgebeuteten Koreanern circa 60 000 starben, von 42 000 Chinesen nach zwei Jahren nur 31 000 zurückkehrten, und von den beim Bau der Burma-Thailand-Eisenbahn eingesetzten 300 000 asiatischen Arbeitssklaven in einem einzigen Jahr 60 000 umkamen. Bei der Realisierung dieses Projekts verloren im Übrigen 15 000 angloamerikanische Kriegsgefangene ihr Leben.

Die Gesamtzahl der zivilen Opfer japanischer Besatzungsherrschaft in China und Südostasien beläuft sich auf deutlich mehr als 14 Millionen Menschen. Zu diesen gehörten 5000 Chinesen, die der entfesselte uniformierte Pöbel in Singapur genauso willkürlich ermordete wie Ärzte, Schwestern und Patienten in den Krankenhäusern der Stadt. Gleiches geschah in Hongkong, wo das militärische Gesindel aus dem Kaiserreich außer 50 gefangenen britischen Offizieren und Mannschaften auch zuvor vergewaltigte Nonnen vor aller Augen niedermetzelte. In Malaya hängten die Japaner gefolterte Engländer, denen sie die abgeschnittenen Genitalien in den Mund steckten, öffentlich an Bäumen auf. Und beim fürchterlichen Bataan-Todesmarsch (Philippinen) im April 1942 machten sie Hunderte von Kriegsgefangenen sadistisch mit dem Bajonett nieder.

Diese wenigen Beispiele, die das Kriegsgeschehen in Ostasien charakterisieren, ließen sich beliebig ergänzen. Nur dürfte es wohl nie möglich sein, eine zuverlässige Statistik der von japanischen Soldaten begangenen Gräuel zu erarbeiten und dabei zugleich die Täter sowie die Verantwortlichkeiten zu definieren. Gleichwohl besteht in der Forschung Konsens darüber, dass das, was bis heute an Undenkbarem bekannt ist, in aller Regel den Tatsachen entspricht.

7. Wechsel der militärischen Initiative in Europa und Afrika

Seit dem 18. Januar 1942 bildete der 70. Längengrad Ost die offizielle Trennlinie zwischen der deutsch-italienischen und der japanischen Operationssphäre. Dass es ansonsten zu keiner abgestimmten Strategie kam, vermag aufgrund der unterschiedlichen Kriegsziele der Achsenmächte sowie der japanisch-sowjetischen Beziehungen nicht wirklich zu überraschen.

Hitler beharrte auf dem Primat des Ostkriegs und schloss die Schwerpunktbildung im Mittelmeer, die sich an der Kriegführung gegen Großbritannien im vorderasiatischen und indischen Raum orientiert hätte, vor dem Sieg über Stalin aus.

Kontakte zu Subhas Chandra Bose, einem englandfeindlichen Führer indischer Nationalisten, sowie zu Raschid Ali al-Gailani, dem nach seinem Putschversuch geflüchteten irakischen Ministerpräsidenten, und zu Mohammed Amin El Husseini, dem Großmufti von Jerusalem (die beiden letzteren versuchten, vom Reich aus in den arabischen Ländern Propaganda für die *Achse* zu machen), änderten an jener Einstellung nicht das Geringste. Die am 3. Juli 1942 verlautbarte deutsch-italienische „Ägypten-Erklärung", die von der Okkupation des Landes ausging, setzte ebenfalls keine neuen Akzente. Von selbst versteht sich, dass ein deutsch-sowjetischer Separatfrieden, den Rom, Tokyo und (indirekt) Moskau seit dem zweiten Halbjahr 1942 wiederholt thematisierten, bei Hitler ohne Chance blieb.

Am 5. April erließ dieser die Weisung Nr. 41 für die Sommeroffensive 1942, Deckname „Blau", in der er den „Abwehrerfolg" in der „Winterschlacht" feierte und die Erschöpfung des Gegners betonte. Doch Stalin verfügte im Juni, als „Blau" begann, über 5,5 Millionen im Einsatz befindliche Soldaten, und die dem Oberkommando, der *Stavka*, unterstellten Reserven umfassten zehn Feldarmeen sowie eine Panzerarmee. Gewiss, die Winterkämpfe hatten auch die sowjetischen Truppen erheblich geschwächt, aber beim Ostheer, das Anfang Juni 2,75 Millionen deutsche und eine Million verbündete Soldaten zählte, bewirkten die 1941/42 erlittenen Verluste, dass Ende März von 162 Divisionen nur acht für „alle Aufgaben geeignet" erschienen, weshalb nicht an der gesamten Ostfront angegriffen werden konnte. Ganz allgemein und besonders nach der Ernennung von Albert Speer zum Reichsminister für Bewaffnung und Munition (er folgte im Februar 1942 dem tödlich verunglückten Fritz Todt nach) war zwar davon auszugehen, dass sich die Situation bis zum Operationsbeginn deutlich verbessern würde. Volle Kampfkraft und Beweglichkeit konnten die angeschlagenen Verbände bis dahin freilich nicht wiedererlangen.

Speer, aufgrund seiner Vollmachten eine Art Wirtschaftsdiktator, versuchte, die Produktion durch Rationalisierung zu intensivieren. Tatsächlich erreichte er mittels organisatorischer Maßnahmen, die sich an den Führungsprinzipien des liberalen Wirtschaftssystems orientierten und die ineffiziente Kommandowirtschaft überwanden, dass die Rüstungsindustrie, trotz

Bombenkrieg und sich zuspitzender Versorgungslage, Mitte 1944 die höchsten Ausstoßzahlen bei der Fertigung von Panzern, Kraftfahrzeugen, Flugzeugen, Schiffen und Munition meldete. Eindrucksvoll, wobei die Zwangsarbeiter nicht vergessen werden dürfen! Andererseits genügte das nach dem Scheitern von „Barbarossa" Produzierte nicht einmal, um die Verluste wettzumachen; ganz zu schweigen von der Notwendigkeit, die eigene Schlagkraft zu erhöhen, sofern die Wehrmacht mit den Gegnern Schritt halten wollte. Ein Blick in die Statistiken für die gesamtwirtschaftliche Leistungsfähigkeit, das Produktionsvolumen der Rüstungsbetriebe und die Rohstoffreserven der am Krieg beteiligten Großmächte zeigt, wie trostlos sich die Lage der Aggressoren effektiv darstellte.

Laut seiner Weisung Nr. 41 plante Hitler, im Jahr 1942 die den „Sowjets noch verbliebene lebendige Wehrkraft endgültig zu vernichten und ihnen die wichtigsten kriegswirtschaftlichen Kraftquellen so weit als möglich zu entziehen". Dabei erwies es sich als günstig, dass Stalin aufgrund des Verhaltens der Heeresgruppe Mitte einen Angriff auf Moskau erwartete und daher auf das an sich vorgesehene offensive Vorgehen verzichtete. Ansonsten sollten sich die Divisionen im Nord- und Mittelabschnitt der Front überwiegend ruhig verhalten. Alle „greifbaren Kräfte" mussten an die vom Zusammenfluss der Trudy und Sosna bis Taganrog am Azov'schen Meer und sodann zur Krim verlaufende Südfront verlegt werden. Die deutsche Führung beabsichtigte, über den Don in den kaukasischen Raum mit seinen Erdölfeldern – bis zur türkischen und iranischen Grenze – einzudringen. Dass sich die Hauptoperation des Sommers 1942 wegen beschränkter Kräfte und Mittel sowie der Transportbedingungen nur durchführen ließ, wenn die Armeen etappenweise operierten und andere Fronten entblößten, deutet das große Risiko an, das die Angreifer in Kauf nahmen.

Seit dem 8. Mai liefen einige kleinere Unternehmen wie die Rückeroberung der Halbinsel Kertsch (169 000 sowjetische Gefangene). Es gelang, die Ausgangslage für die Sommeroffensive zu verbessern, wobei es bei Char'kov zur letzten großen sowie erfolgreichen Kesselschlacht des Ostheers kam (239 000 gefangene Rotarmisten). Und Anfang Juli befand sich die gesamte Krim in deutscher Hand.

Am 28. Juni trat die Armeegruppe v. Weichs – 4. Panzerarmee, 2. Armee und ungarische 2. Armee – südlich Livny auf einer Frontbreite von 120 km zur Operation „Blau" an, die zwei Tage später „Braunschweig" hieß. Südlich anschließend ging die 6. Armee am 30. Juni in einem über 200 km breiten Frontabschnitt in die Offensive. Die Truppen kamen gut voran und erreichten ausnahmslos die geographischen Ziele von „Blau I", doch sie konnten den Gegner, der großräumige Ausweichbewegungen durchführte, nicht vernichtend schlagen. Dies, und nicht Stalins bereits am 16. August 1941 erlassene Weisung, Soldaten, die sich in Gefangenschaft begaben, wie Verräter zu behandeln, erklärt, dass die Armeegruppe v. Weichs ganze 73 000 Kriegsgefangene einbrachte.

Mit der Operation „Clausewitz" sollte das Versäumte nachgeholt werden. Als sie am 9. Juli mit dem Vorstoß der 1. Panzerarmee beiderseits Lisicansk begann, war die Heeresgruppe Süd geteilt in die Heeresgruppe A (Generalfeldmarschall Wilhelm List) und die Heeresgruppe B (Generalfeldmarschall v. Bock). Erstere verfügte über die 11. und 17. Armee, die 1. Panzerarmee, die italienische 8. und rumänische 3. Armee. Zu letzterer gehörten die Einheiten der Armeegruppe v. Weichs sowie der 6. Armee. Erneut gewannen die Angreifer rasch Raum und verlegten die Front westlich des Don 160 km nach Süden. Aber es glückte ihnen wiederum nicht, die ausweichende Rote Armee aufzureiben. „Clausewitz" endete somit als Fehlschlag: Bock verlor die Gnade seines „Führers" und am 13. Juli auch das Kommando. Dieses übernahm Generaloberst Maximilian Freiherr von und zu Weichs an der Glon. Dennoch gab sich Hitler, der den klugen Rückzug der Sowjets als Flucht missverstand, völlig siegessicher und befal umgehend das Antreten der 1. und 4. Panzerarmee sowie der abgekämpften 17. Armee in Richtung Rostov. Durch ein weites Umfassungsmanöver wollte er verhindern, dass Stalins Heeresgruppe Süd über den Don entkam. Die 6. Armee rückte unterdessen zügig gegen das 160 km entfernte Stalingrad vor.

Rostov fiel schon am 23. Juli, und doch zu spät! Der Gegner entzog sich nämlich der Vernichtung. Lediglich Nachhuten gerieten in deutsche Kriegsgefangenschaft. Dessenungeachtet behauptete Hitler, die in der Weisung Nr. 41 gesteckten Ziele seien „im wesentlichen erreicht" worden. Noch am selben Tag gab er die Weisung Nr. 45 für die Fortsetzung der Operation „Braunschweig" heraus. Anders als bislang geplant wurde nun statt des Nacheinanders der Operationen eine zeitgleiche doppelte Offensive befohlen. Während die Heeresgruppe A die Ostküste des Schwarzen Meeres, die Ölfelder von Majkop, Groznyj und Baku (1200 km südöstlich von Rostov) besetzen sollte, oblag es der Heeresgruppe B, die Verteidigung am Don aufzubauen, Stalingrad einzunehmen und entlang der Volga bis Astrachan am Kaspischen Meer vorzustoßen.

Das Aufsplittern der Kräfte verursachte bald Versorgungsengpässe, besonders bei Treibstoff und Munition. Ungeachtet solcher Schwierigkeiten besetzte die Heeresgruppe A am 9. August Majkop und am 1. September überschritt sie den Terek im Kaukasus, wo der Vormarsch vor Ordzonikidze stecken blieb. Es kam daraufhin in der deutschen Führung zu einer schweren Krise. Hitler erwog, Generalfeldmarschall Wilhelm Keitel (Chef des Oberkommandos der Wehrmacht) und seinen engsten militärischen Berater, General der Artillerie Alfred Jodl (Chef des Wehrmachtführungsstabs) zu entlassen. Doch dann musste Generalfeldmarschall List den Sündenbock abgeben. Hitler enthob ihn seines Kommandos und führte die Heeresgruppe A vom 9. September bis zum 22. November 1942, an dem er Generaloberst Ewald v. Kleist zum Oberbefehlshaber ernannte, persönlich.

Am Ende scheiterte die Kaukasusoperation „Braunschweig". Weder die Inbesitznahme der Schwarzmeerküste südöstlich von Novorossijsk noch das Herankämpfen ans Kaspische Meer glückte. Die Deutschen konnten bestenfalls versuchen, erreichte Positionen zu halten. Fürs Erste entließ der „Führer"

am 24. September 1942 Generaloberst Halder, zum Generalstabschef des Heeres machte er den General der Infanterie
Kurt Zeitzler.

Bereits am 19. August 1942 befahl General Friedrich Paulus der 6. Armee den Angriff auf Stalingrad. Gegen harten
Widerstand der Verteidiger eroberten seine Truppen und ihre
Verbündeten bis Ende Oktober etwa 90 % der Stadt. Aber als
die Rote Armee am 19. November zur Gegenoffensive antrat,
schlossen drei Heeresgruppen binnen vier Tagen etwa 250 000
Mann der 6. Armee mit einer perfekten Umfassungsoperation
zwischen Don und Volga im Raum Stalingrad ein. Hitler un-
tersagte den von General Paulus am 23. November erbetenen
Ausbruchsversuch der Armee, und so begann ein wochenlan-
ges, elendigliches Sterben, verursacht durch Hunger, Kälte,
Krankheit sowie „Feindeinwirkung". Die am 21. November aus dem Armeeoberkommando 11 gebildete und von Generalfeldmarschall Erich v. Manstein geführte Heeresgruppe
Don (Armeegruppe Hoth mit der 4. Panzerarmee und der
rumänischen 4. Armee, Angriffsgruppe Hollidt [XVII. Armee-
korps], 6. Armee und rumänische 3. Armee), welche die Lage
vor dem 19. November wiederherstellen sollte, wurde zwischen den Heeresgruppen A und B eingeschoben, vermochte
das Blatt aber nicht mehr zu wenden.

Am 31. Januar beziehungsweise 2. Februar 1943 streckten
die im Kessel befindlichen Truppen ohne förmliche Kapitulation die Waffen. Von etwa 195 000 Wehrmachtangehörigen
hatte die Luftwaffe bis dahin 25 000 ausgeflogen, 60 000 waren gestorben und 110 000 marschierten in eine Kriegsgefangenschaft, aus der anscheinend kaum mehr als 5000 heim-
kehrten.

Von Stalins Standpunkt aus betrachtet leitete der innen- und
außenpolitisch wichtige Sieg an der Volga die Kriegsentscheidung im Osten ein. Die sowjetischen Streitkräfte warfen die
Aggressoren vom Dezember 1942 bis zum April 1943 an der
Südfront zuerst über den Don nach Norden und sodann über
den Donec nach Westen auf eine Verteidigungslinie zurück,
die nördlich von Belgorod – im Bereich des bis zu 190 km

breiten Kursker Frontbogens – 140 km westlich der Ausgangsstellung für die Operation „Blau" verlief. Zudem zwang der
Kräftemangel die Heeresgruppen Mitte und Nord zu Frontbegradigungen. Sie räumten daher die nach Osten gerichte-
ten Frontvorsprünge bei Vjaz'ma und Rzev (150 km tief und
200 km breit) sowie bei Demjansk (100 km tief und 40 km
breit). Ferner gelang es der Roten Armee, im Januar 1943 eine
Landverbindung zum schwer geprüften Leningrad herzustel-
len. Ein Jahr später befreiten die Sowjets die Stadt.

Dass die Linienführung der Südfront von Belgorod bis
Taganrog im April 1943 ungefähr derjenigen Ende Juni 1942
entsprach, verdankte das NS-Regime Stalins Führungsfehlern
und Generalfeldmarschall v. Manstein, Oberbefehlshaber der
Heeresgruppe Süd (bis zum 12. Februar 1943 „Don"). Ihm
gelang es, die ins Rutschen gekommene Front im Februar und
März durch seinen Gegenschlag am Donec zu festigen. Ein
beeindruckender operativer Erfolg, der jedoch die strategische
Lage in keiner Weise veränderte. Und anders als von Manstein behauptet, gewann Hitler dadurch weder die Initiative
zurück noch hätte er Ende März 1943 mit Stalin in Augenhö-
he verhandeln können.

Es trat hinzu, dass Italien, Hitlers europäischer Haupt-
verbündeter, im Anschluss an die von Dezember 1942 bis
Februar 1943 dauernde mörderische zweite Schlacht am Don,
als die dezimierte Front jeden Mann benötigte, seine Streitkräfte aus der Sowjetunion, wo die italienische 8. Armee
ungefähr 90 000 Tote und Vermisste zurückließ, in die Hei-
mat verlegte – ein warnendes Vorzeichen für das Achsen-
bündnis.

Die Niederlage von Stalingrad wirkte sich für die Nazis
auch im Innern nachteilig aus. Das Regime stand angeschla-
gen da. Es kam zu einer Vertrauenskrise, der Glaube an den
„Führer" wankte, sein Mythos bröckelte. Doch am Ende
blieb Hitlers Herrschaft ungefährdet. Die Masse der Volksgenossen wollte die Hoffnung auf eine Wende nicht aufgeben,
trotz, vielleicht auch gerade wegen der bis Ende Januar 1943
fast einer Million an der Ostfront gefallenen Deutschen.

Goebbels griff jedenfalls mit Propagandatricks wie seiner Rede im Berliner Sportpalast (18.2.43) nicht überall ins Leere. Um die psychologischen Auswirkungen der Katastrophe an der Volga zu begrenzen und zugleich die Nation zu äußerster Opferbereitschaft zu bewegen, verkündete er den – effektiv nie verwirklichten – „totalen Krieg".

Parallel zum Debakel von Stalingrad bahnte sich in Nordafrika die Entscheidung an. Dort hatte Rommel Ende August 1942 noch einmal versucht, die britische Verteidigung bei El Alamein zu durchbrechen, um nach Ägypten vorzustoßen. General Bernard Law Montgomery, damals Oberbefehlshaber der britischen 8. Armee und durch ULTRA im Detail über alle Absichten seines Gegners unterrichtet, verhinderte das erfolgreich.

Am 23. Oktober gingen die an Männern, Waffen und Material hoch überlegenen Briten zur Gegenoffensive über. Als der „Deutsch-Italienischen Panzerarmee" die Umfassung drohte, befahl Rommel am 4. November, entgegen Hitlers Halte-Order, den generellen Rückzug. Dieser kam nach dem für Italien niederschmetternden Verlust von Tripolis (23.1.43) erst Ende Februar in der circa 35 km breiten Mareth-Stellung in Südtunesien zum Stehen. Ab dem 10. März führte Generaloberst Hans-Jürgen v. Arnim für den erkrankten Generalfeldmarschall Rommel die am 23. Februar 1943 aufgestellte „Heeresgruppe Afrika" (5. Panzerarmee und italienische 1. Armee).

Inzwischen war – vom 5. Mai bis zum 5. November 1942 (mit Kampfpausen) – die durch Vichytreue Einheiten verteidigte Insel Madagaskar von den Engländern, die dort eine japanische Invasion befürchteten, erobert worden. Wenig später, am 8. November, landeten angloamerikanische Streitkräfte unter dem Oberbefehl des amerikanischen Generals Dwight D. Eisenhower in der Nähe von Casablanca, Oran sowie Algier. Bei der Operation, Deckname „Torch", setzten die Alliierten 107 000 Mann ein, davon 63 000 Landungstruppen mit 430 Panzern. Der Antransport aus Häfen in den Vereinigten Staaten und in Großbritannien erfolgte auf 370 Handelsschiffen, geschützt von 300 Kriegsschiffen. Nach erbitterten

Kämpfen vereinbarten Alliierte und Franzosen am 10. November die Feuereinstellung.

„Duce" und „Führer", die sich in Nordafrika in einen Zweifrontenkrieg verwickelt sahen, antworteten am 11. November mit dem Einmarsch ins unbesetzte Frankreich, der Okkupation Korsikas und der Entwaffnung des Waffenstillstandsheeres. Die in Toulon internierte französische Flotte versenkte sich am 27. November bei einem deutschen Zugriffsversuch selbst. In der Folgezeit verkam die Regierung in Vichy praktisch zur Marionette des Dritten Reichs.

Außerdem schickten sich Deutsche und Italiener seit dem 9. November 1942 an, mit der erpressten Zustimmung Pétains in Tunesien einen Brückenkopf zu bilden. Hitler hoffte, aus demselben später wieder offensiv werden zu können. Ein, angesichts der angloamerikanischen See- und Luftherrschaft im Mittelmeerraum, aussichtsloses Unterfangen. Der Brückenkopf ließ sich nicht einmal ausreichend versorgen. Am 13. Mai kapitulierten in ihm die letzten Soldaten der *Achse*, 130 000 Deutsche und 120 000 Italiener begaben sich in Kriegsgefangenschaft. Die Alliierten beherrschten fortan unangefochten die nordafrikanische Gegenküste, und in Europa kündigte sich die „zweite Front" an.

Letztere bildete ein zentrales, bei den Sowjets zu Misstrauen führendes Problem in der *Grand Alliance*. Die Operation „Torch", auf die sich Briten und Amerikaner Ende Juli 1942 einigten, und über die Churchill einen skeptischen Stalin Mitte August 1942 in Moskau unterrichtete, bedeutete eine Zwischenlösung, die zweifellos den britischen, aber viel weniger den sowjetischen Interessen im Mittelmeerraum entsprach. Roosevelt, der sich Stalin gegenüber im Wort fühlte und den zudem die Sorge wegen eines deutsch-sowjetischen Sonderfriedens belastete, vermochte sich 1942 gegen Churchill und dessen militärische Ratgeber noch nicht durchzusetzen. Er hätte ebenso wie seine Heeresführung die „zweite Front" in Nordfrankreich, in Form eines robusten Brückenkopfs, gerne schon 1942 eröffnet. Eine Landungsoperation im großen Stil strebten die amerikanischen Politiker und Militärs damals für das Jahr 1943 an.

Auf der Konferenz von Casablanca, Deckname „Symbol" (14. bis 26.1.43), an der Roosevelt und Churchill sowie die Stabschefs teilnahmen, folgte man bezüglich der Kriegführung nach „Torch" insgesamt wiederum der Mittelmeerstrategie des Premiers. Im Einzelnen wurden verbindlich vereinbart: Invasion in Sizilien 1943, wobei die Frage des Übersetzens auf das italienische Festland noch offen blieb, Landung in Nordfrankreich 1944, Ausweitung des Bombenkriegs durch amerikanische Tagangriffe gegen strategisch wichtige Ziele und Intensivierung der U-Boot-Abwehr in der Atlantikschlacht. Als direkte Folge des Kriegseintritts der Vereinigten Staaten hatte die Kriegsmarine 1942 zwar noch einmal enorme Versenkungserfolge erzielt, aber im Mai 1943 musste sie den U-Boot-Krieg im Nordatlantik wegen unerträglicher Bootsverluste abbrechen. Deutschlands U-Boot-Kriegführung steckte in einer schweren Krise, die sie bis 1945 nicht überwand. Die Ergebnisse verzweifelter Rüstungsanstrengungen und die Entwicklung von U-Booten mit verbesserten, freilich noch lange nicht ausgereiften Unterwasser-Kampf-Eigenschaften ließen Hitler im Februar 1945 dennoch annehmen, dass der von ihm und Großadmiral Dönitz erwartete neue U-Boot-Krieg die strategische Gesamtlage entscheidend verändern würde – nur konnte der Oberbefehlshaber der Kriegsmarine die Probe aufs Exempel nicht mehr machen, denn das Dritte Reich kollabierte vorher.

Mit Casablanca setzte auch der Planungsprozess für die Gegenoffensive im Fernen Osten ein. Hierbei unterstellten die amerikanischen Strategen zunächst, dass die Invasion in Japan unbedingt Stützpunkte auf dem chinesischen Festland verlangte. Ein paar Wochen später, als sich Roosevelt und Churchill im Mai 1943 in Washington trafen, schlossen die Spitzenmilitärs allerdings nicht mehr aus, dass bereits die alliierte Kontrolle des westlichen Pazifik Japan zur Kapitulation zu zwingen vermöchte. Die Landung auf den japanischen Hauptinseln hätte sich dann erübrigt.

Das politisch folgenschwerste Resultat des Treffens in Casablanca bildete das von Roosevelt auf der Pressekonferenz am

24. Januar für die anwesenden Journalisten überraschend formulierte Kriegsziel der bedingungslosen Kapitulation Deutschlands, Italiens und Japans. Stalin, der wegen der Entwicklung an der Volga der Zusammenkunft fernbleiben musste, trat der Erklärung am 1. Mai bei. Ansonsten ließen ihn die optimistischen Erläuterungen der Amerikaner und Briten völlig unbeeindruckt. Er zeigte sich enttäuscht über die Vereinbarungen zur „zweiten Front" und warnte eindringlich vor weiteren Verzögerungen. Von eben diesen gingen Churchill und Roosevelt mittlerweile insgeheim aus. Sie sprachen in Bezug auf den Aufbau einer Front in Nordfrankreich von 1943, doch in Wahrheit und realistisch planten der Premierminister und der Präsident die Landung für das Jahr 1944 ein.

Casablanca bezeichnete innerhalb der Strategie der Westalliierten den Übergang zu einer zunehmend amerikanisch geprägten, am totalen Sieg orientierten Kriegführung, was die vorbehaltlose Unterwerfung der Aggressoren einschloss. Deren Reaktion und ihre propagandistische Auswertung der *Unconditional-Surrender-Forderung* im Innern interessierten 1943 auf alliierter Seite verständlicherweise kaum jemanden.

VI. Wege zum totalen Sieg

Großbritannien, die Sowjetunion und die Vereinigten Staaten schickten sich im ersten Halbjahr 1943 an, die Angreifer an allen Fronten in die Knie zu zwingen. Und je näher das Ende der Kampfhandlungen rückte, desto drängender stellte sich unter regionalen wie globalen Gesichtspunkten die Frage nach den militärischen, wirtschaftlichen, rechtlichen, macht- sowie gesellschaftspolitischen Kriegszielen. Die Tabula-rasa-Politik von Casablanca formulierte ein Prinzip, nämlich die Nichtbeteiligung der drei Aggressoren am Gestalten der Nachkriegsordnung. Wobei die Sieger letztere erst noch vereinbaren mussten. Befriedung und Bestrafung standen in Rede. Hierzu gehörten die Teilung Deutschlands, die Reduzierung Japans

auf seinen gebietlichen Besitzstand von vor 1914, die Demilitarisierung, die Reparationsleistungen und das Wiederherstellen der territorialen Integrität aller vom Dritten Reich und
seinen Verbündeten besetzten beziehungsweise annektierten
europäischen Länder sowie Landesteile gemäß dem Status
quo im Jahr 1937. Der *Grand Alliance* erwuchsen in solchem
Kontext aus dem sowjetisch-polnischen Interessengegensatz
ernstliche Schwierigkeiten.

Es ging zugleich um Vorherrschaft, Koexistenz und Zugang
zu den Weltmärkten. Leicht nachvollziehbar, dass Amerikaner,
Briten sowie Sowjets nicht an einem Strang zogen. Würde es
trotzdem gelingen, das situationsbedingte angloamerikanisch-
sowjetische Kriegsbündnis in einer zukunftweisenden Frie-
densallianz aufgehen zu lassen, die nach den Vorstellungen
von Präsident Roosevelt China einbezog? Eingedenk kollidie-
render Interessen schien das eher unwahrscheinlich zu sein.

1. Die „zweite Front" in Italien

Um die Koalition mit Stalin nicht zu gefährden, bevorzugten
der Präsident und der Premierminister bis Anfang 1945 ein
dilatorisches Vorgehen. Zwar referierte Churchill auf der
Washingtoner Konferenz im Mai 1943, Deckname „Trident",
über die „Struktur der Nachkriegswelt" und präsentierte
einen eigenen „Europaplan", aber im Ganzen gesehen beherrschte die Militärstrategie das Treffen, welches zwei im
Allgemeinen wenig beachtete historische Ereignisse begleite-
ten: Stalin löste am 15. Mai aus innen- und außenpolitischen
Gründen die Kommunistische Internationale (Komintern) auf;
wenig später endete der Aufstand im Warschauer Ghetto. Die
Deutschen hatten schon 300 000 Bewohner ins Vernichtungslager Treblinka transportiert, als es am 19. April zum vier
Wochen dauernden Kampf der 58 000 im Ghetto verbliebe-
nen Juden mit Einheiten der SS sowie der Wehrmacht kam.
Himmlers Schergen erschossen mindestens 7000 jüdische Gefangene an Ort und Stelle, über 22 000 verschleppten sie in
Todes- und 13 000 in Arbeitslager.

Die an „Trident" teilnehmenden Politiker und Militärs befassten sich mit anderem. Sie bestätigten die Absicht, 1944 in Nordfrankreich zu landen, planten, die Flugplätze auf den Azoren zu nutzen, beharrten auf Italiens bedingungsloser Kapitulation, die Eisenhower (Oberbefehlshaber der alliierten Streitkräfte im Mittelmeerraum) lieber vermieden hätte, und beschlossen die Invasion in Sizilien (Unternehmen „Husky").

In der Nacht vom 9. auf den 10. Juli lief die bis dahin größte triphibische Operation der Weltgeschichte an. Truppen der britischen 8. und amerikanischen 7. Armee landeten im Süden und Südosten der Insel. Die Invasionsstreitmacht zählte 181 000 Mann, 3680 Flugzeuge, 280 Kriegs- und 320 Transportschiffe sowie 2125 Landungsfahrzeuge. Maximal 325 000 Verteidiger, davon 68 400 (zum Teil später eintreffende) Deutsche, verteilten sich auf vier Infanterie- und fünf Küstenschutzdivisionen der italienischen 6. Armee, die Panzerdivision „Hermann Göring", die 15. und 29. Panzergrenadier- sowie die 1. Fallschirmjägerdivision. Luftunterstützung flogen die Luftflotte 2 und die königliche Luftwaffe, die am 10. Juli in Italien 507 respektive 449 einsatzbereite Kampfflugzeuge besaßen. Die Seestreitkräfte der beiden Achsenmächte spielten bei der Abwehr der Landung nur eine Nebenrolle.

Am 19. Juli, die Ewige Stadt erlebte ihren ersten Luftangriff, erörterten die beiden Diktatoren in Feltre (Venetien) die Lage. Mussolini wollte Hitler dabei eröffnen, dass er aus dem Krieg ausscheiden müsse. Dazu fehlte ihm am Ende der Mut, und das zeitigte Folgen: Am 25. Juli stürzte der Faschistische Großrat den „Duce". Der König ernannte Marschall Pietro Badoglio zum Regierungschef, der umgehend erklärte, dass er den Krieg fortsetzen werde. Dessenungeachtet befahl Hitler, in dem verbündeten Land einen Staatsstreich durchzuführen. Das beabsichtigte Banditenstück, das an der schnellen Reaktion in Rom scheiterte, verbietet es, in Bezug auf den italienischen Kriegsaustritt im September 1943 von Verrat zu sprechen. Im Süden gab es nur einen *Verrat* – den deutschen.

Anfang August stellte sich die Lage der Verteidiger auf Sizilien als hoffnungslos dar, sie mussten die Insel räumen. Circa

40 000 Deutsche – mit schweren Waffen, Munition, Fahrzeugen, Gerät und Ausrüstung – sowie 62 000 Italiener setzten bis zum 17. August auf das Festland über. Rund 13 500 Soldaten der Wehrmacht und 32 500 der königlichen Streitkräfte, meist Verwundete, konnten vorher evakuiert werden. Es blieben zurück – 177 000 Tote, Vermisste und Gefangene.

Eisenhowers Sieg, der 20 000 Verluste kostete, belasteten zwei Massaker, die Soldaten der amerikanischen 45. Division bei Biscari an 74 italienischen und zwei deutschen Kriegsgefangenen verübten. Mitverantwortung trug der Oberbefehlshaber der 7. Armee, General George S. Patton. 1944, als dieser in Frankreich die 3. Armee befehligte, forderte er erneut dazu auf, keine Gefangenen zu machen. In Europa ein Einzelfall? Mitnichten! Männer der 5. Gebirgsdivision brachten mit Wissen ihrer Vorgesetzten im April 1944 südlich von Rom 24 alliierte Kriegsgefangene um. Im Dezember 1944 erschossen Angehörige der Waffen-SS bei Malmédy außer belgischen Zivilisten 86 amerikanische Gefangene. Es kam, gemäß Hitlers Befehl vom 18. Oktober 1942, zur Tötung der bei „Kommandounternehmungen" ergriffenen Militärs. Und wie erwähnt ermordeten deutsche Uniformträger tausende kriegsgefangene Italiener.

Der Verlauf der sizilianischen Operationen ermutigte die Alliierten, das Festland anzugreifen. Am 3. September, als die Regierung Badoglio in Cassibile (Sizilien) mit Briten und Amerikanern den Waffenstillstand unterschrieb, gingen zwei Divisionen der britischen 8. Armee an Kalabriens Südwestküste an Land (Unternehmen „Baytown"). Nach Bekanntgabe des Kriegsaustritts am 8. landete am 9. September eine britische Division bei Tarent (Unternehmen „Slapstick"); und vier amerikanische sowie zwei britische Divisionen samt kleineren Einheiten führten unter dem Oberbefehl von General Mark Wayne Clark (amerikanische 5. Armee) bei Salerno die seit längerem geplante Landungsoperation „Avalanche" durch – sie stand bis Mitte September auf des Messers Schneide.

Für die deutschen Absichten erwies es sich als günstig, dass Italiens Führung den Kriegsaustritt dilettantisch vorbereitete und ihre Soldaten in den entscheidenden ersten 24 Stunden führungslos dem Chaos überließ. Wichtigste Offiziere flohen mit König Vittorio Emanuele III. und Marschall Badoglio am 9. September aus Rom in von alliierten Truppen besetztes süditalienisches Gebiet. Erst am 11. September erklärte die Regierung die Deutschen zu Feinden. Offizieller Kriegszustand herrschte ab dem 13. Oktober 1943.

Die Wehrmacht hatte ihre Gegenmaßnahmen (Fall „Achse") genau geplant und die Eingreifverbände, unbeeindruckt von italienischen Protesten, entsprechend disloziert. In Südfrankreich, Italien sowie auf dem Balkan hielten sich 600000 Mann bereit, die königlichen Streitkräfte zu entwaffnen und die von ihnen gehaltenen Territorien zu besetzen. Das gelang, angesichts der riesigen Beute ließe sich sarkastisch vom letzten Sieg der Wehrmacht sprechen. Ferner befreiten Fallschirmjäger am 12. September Mussolini, der danach – wissend, dass die Nazis Italiens nationale Deklassierung betrieben – als Chef der Marionettenregierung des Satellitenstaats „Republica Sociale Italiana" agierte. Der „Duce" erleichterte Hitlers Handlangern die kriegswichtige wirtschaftliche Ausbeutung von Norditalien und die Besatzungsherrschaft insgesamt.

Das Wesen der deutschen Okkupation wird plastisch, wenn man sich vergegenwärtigt, dass, abgesehen von den Verlusten der Partisanen und „mitkriegführenden" regulären Soldaten sowie den durch Kriegseinwirkung gestorbenen Menschen, vom Kriegsaustritt 1943 bis zum Ende des Kriegs 1945 täglich mehr als 160 italienische Staatsbürger umkamen. Darunter befanden sich viele jüdischer Abstammung. Sie alle verloren ihr Leben durch deutsche Hand, sei es auf direkte oder indirekte Weise: Kinder, Frauen und Männer jeglichen Alters, politische Deportierte, Kriegsgefangene und Zwangsarbeiter. Zu letzteren gehörten unter anderen die Militärinternierten. So hießen die nach dem 8. September 1943 entwaffneten und gefangen genommenen Soldaten, denen das Regime den Status als Kriegsgefangene im Sinne der Genfer Konvention vom 27. Juli 1929 verweigerte. Über 500000 von ihnen schufteten als rechtlose, Hunger leidende, körperlich geschwächte und,

weil medizinisch unterversorgt, gesundheitlich hoch gefähr-
dete Arbeitssklaven in der nationalsozialistischen Kriegswirtschaft.

Wie in anderen besetzten Ländern spielten Deutsche in Italien im Umgang mit der als rassisch minderwertig angesehe-
nen Zivilbevölkerung die Rolle der Herrenmenschen – ohne
Respekt gegenüber nichtdeutschem Leben, unschlagbar bei
jedweder Art von Ausbeutung, Repression und Grausamkeit.

In der Tat begann nach der Entscheidungsschlacht von
Salerno ein zerstörerischer, für die Bevölkerung, unter der
Hitlers Truppen bei ihrem Rückzug eine breite Blutspur
hinterließen, sehr schmerzvoller Krieg. In seinem Verlauf
drängten die amerikanische 5. und die britische 8. Armee die
Deutschen, seit November 1943 im Wesentlichen die Heeresgruppe C unter Generalfeldmarschall Albert Kesselring mit
der 10. und 14. Armee, von einer Verteidigungslinie auf die
andere in Richtung Norden zurück. Nach Salerno kam es: zu
Schlachten am Volturno, Sangro, Garigliano, Rapido und Liri;
zum Ringen um Cassino sowie den Landekopf von Anzio-
Nettuno; zu den Kämpfen im Raum von Rom (am 4. Juni
1944 befreit), bei Piombino und Chiusi; zum zähen, wegen
des Kräfteverschleißes operativ mitunter kontraproduktiven
Widerstand am Trasimenischen See, Arno und Tiber, im Norden von Florenz, bei Ancona, Rimini sowie Bologna; zum
Stellungskampf im nördlichen Apennin und an der Adria.
Schließlich folgte das Ausweichen hinter den Po.

Es handelte sich für alle Beteiligten um schwerste Kämpfe.
Verluste von rund 189 000 Toten und Verwundeten auf amerikanischer, 123 500 auf britischer sowie 435 000 auf deutscher Seite sprechen für sich. Wehrmacht, SS und Polizei hatten es an der italienischen Front jedoch nicht nur mit den
Alliierten zu tun, sondern darüber hinaus mit der ihnen meist
feindlich gegenüberstehenden Bevölkerung und der starken
„Resistenza". Dass die Heeresgruppe C dennoch bis zuletzt
der Vernichtung entging, lag vor allem in der gegnerischen
Strategie begründet. Briten und Amerikaner, den Blick auf das
Landungsvorhaben in der Normandie gerichtet, wollten in

Italien starke deutsche Kräfte binden. Sie strebten aber keinen Sieg um jeden Preis an. Und im Übrigen war die Niederlage der nationalsozialistischen Streitkräfte auf der Apenninenhalbinsel aus ihrer Sicht nur eine Frage der Zeit. Als diese am 2. Mai 1945 kapitulierten, endete für das italienische Volk mit dem Weltkrieg zugleich ein mörderischer Bürgerkrieg.

2. Der „Große Krieg" als strategische Einheit

In einer Lagebetrachtung vom 20. August 1943 konstatierte die Seekriegsleitung, Deutschland habe sich ab 1942 „in der großen Strategie" vom „Hammer" zum „Amboß" entwickelt. Das zeigten die Einstellung des U-Boot-Kriegs, die Intensivierung und Ausweitung des strategischen Bombenkriegs, der Aufbau einer „zweiten Front" in Italien und der Ausgang von „Zitadelle". So lautete der Deckname der Angriffsoperation gegen den seit April 1943 bestehenden Frontbogen im Raum Kursk.

Gemäß dem Operationsbefehl Nr. 6 vom 15. April bezweckte „Zitadelle" die Vernichtung der im „Gebiet Kursk befindlichen Feindkräfte" (durch zwei Offensivgruppen, die von Orel nach Süden und von Belgorod nach Norden auf die Stadt operierten). Zugleich wollten die Deutschen eine kräftesparende Frontverkürzung erreichen und die „Initiative" im „Frühjahr" sowie „Sommer" gewinnen, um weitere „Angriffsschläge" zu führen. Hitler hoffte, „Zitadelle", für ihn eine Machtdemonstration, mit der sich das Ostheer eindrucksvoll zurückmeldete, werde für die „Welt wie ein Fanal wirken" und die Sowjets hinsichtlich einer Offensive sowie die Westmächte in Bezug auf die Landung in Frankreich irritieren. Von seinem Standpunkt aus machte eine derartige Entwicklung das *Davonkommen* möglich – darum ging es.

Ab dem 5. Juli rannten 435 000 bis 700 000 deutsche Soldaten gegen den 190 km breiten und 120 km tiefen Frontbogen an, den die Rote Armee, die von den Absichten ihres Gegners wusste, rechtzeitig zu einer sehr starken Defensivstellung ausgebaut hatte. Die nördliche Angriffsgruppe bestand aus der 9. Armee der Heeresgruppe Mitte (6 Panzer-, 2 Panzergrenadier- und 7 Infanteriedivisionen), die südliche aus der 4. Panzerarmee und der Armeeabteilung Kempf der Heeresgruppe Süd (3 Sturmgeschützbrigaden, 7 Infanterie- und 11 Panzerdivisionen). Allerdings variieren die Angaben über Umfang, Zusammensetzung sowie Waffen der Angreifer und der Verteidiger. Nach widersprüchlichen Quellen verfügten Hitlers Offensivkräfte über mindestens 1377 und maximal 3155 Panzer sowie Sturmgeschütze, 9960 Geschütze beziehungsweise Granatwerfer und 1400, vielleicht sogar 2000 Flugzeuge der Luftflotten 4 und 6. Den Großverbänden der Wehrmacht lagen im Kursker Frontbogen drei sowjetische Heeresgruppen (davon eine als *Stavka*-Reserve) mit 1,3 bis 2 Millionen Mann gegenüber. Sie verteilten sich auf 18 Armeen und besaßen (mit Reserven) nicht weniger als 3400, aber höchstens 5130 Panzer und Sturmgeschütze, 19 500 Geschütze oder Granatwerfer sowie 2100 beziehungsweise 3200 Flugzeuge, die sich die Luftherrschaft erkämpften.

„Zitadelle" war militärisch gesehen eine Verlegenheitsoperation: L'art pour l'art, weil dem Angriff jede strategische Perspektive fehlte. Wie 1941 und 1942 scheiterte das Ostheer auch 1943 – diesmal im kleineren Rahmen und auf niedrigem Niveau. Hitler befahl bereits Mitte Juli, ungeachtet seiner erwähnten Phantastereien, das Unternehmen abzubrechen. Dies insbesondere deshalb, weil der Vorstoß der Nordgruppe nach wenigen Kilometern stecken blieb (11. 7.), während die Gegenoffensive der Roten Armee im Frontbogen von Orel (12. 7.), welche die im Kursker Raum kämpfenden Kräfte entlasten sollte, bei der 2. Panzerarmee eine bedrohliche Lage heraufbeschwor. Hinzu kam, dass die angloamerikanische Landung auf Sizilien und der sich ankündigende italienische Zusammenbruch den Abzug von Divisionen erzwangen.

Fortan besaß und ergriff allein die Rote Armee die Initiative, wohingegen das Ostheer den geordneten Rückzug antrat. Durch die Ausnutzung natürlicher Hindernisse, die Taktik der verbrannten Erde, das Wellenbrecher-Verfahren, wonach feste Plätze und Frontvorsprünge gegen die feindlichen Angriffswellen unbedingt gehalten werden mussten, sowie den in kurzer Zeit errichteten Ostwall, der von Narva über Vitebsk und entlang dem Dnepr zum Azov'schen Meer verlief, konnte der sowjetische Vormarsch zwar verzögert, doch nicht aufgehalten werden. Die im Zusammenhang mit „Zitadelle" eingeleitete Sommeroffensive der Roten Armee konzentrierte sich weitgehend auf den Süden der Front, wo ein Raumgewinn von durchschnittlich 300 km erzielt wurde. Im August 1943 gaben die Deutschen Orel und Char'kov auf, ab Mitte September räumten sie den Kuban'-Brückenkopf. Stalins Truppen überschritten im November auf breiter Front den Dnepr – sie befreiten Kiev, und die Heeresgruppe A sah sich auf der Krim isoliert.

Solche operativen Erfolge besaßen politische Auswirkungen. Schon am 10. August empfahl das „Gutachten eines hohen Militärs der Vereinigten Staaten", sich um ein freundschaftliches Verhältnis zur Sowjetunion, der künftigen europäischen Führungsmacht zu bemühen. Großbritannien trat für Roosevelts Generäle, so scheint es, ins zweite Glied. Bezeichnenderweise konnte sich Churchill auf der Konferenz in Quebec (17. bis 24.8.43), Deckname „Quadrant", mit seinem erneuten Vorschlag, die Kriegführung im Mittelmeer zu intensivieren, nicht mehr durchsetzen. Das Konferenzergebnis bestätigte, dass es, wie vom Präsidenten gewünscht, bei der Landung in der Normandie im Mai 1944 blieb – Operation „Overlord". Zudem kam ein darauf abgestimmtes Landungsunternehmen in Südfrankreich in die Diskussion (Deckname „Anvil", später „Dragoon").

Nach dem Abschluss von „Quadrant" erfuhr Stalin von dieser Entscheidung, die Südosteuropa sowie große Teile Zentraleuropas der *Befreiung* durch die Rote Armee überließ, ohne die unterschiedliche politische Interessenlage der britischen, sowjetischen und amerikanischen Regierung angemessen zu berücksichtigen. Erst die Moskauer Außenministerkonferenz (19. bis 30.10.43) beschloss, in London eine „Europäische Beratende Kommission" einzurichten, die Lösungsvorschläge für die mit dem Kriegsende in Europa verbundenen Probleme erarbeiten sollte.

Außerdem unterzeichneten der Präsident und der Premierminister in Quebec ein geheimes Abkommen über ihre Zusammenarbeit bei der Entwicklung der Atombombe. Sie vereinbarten unter anderem, dass die neue Waffe nur einvernehmlich gegen eine dritte Macht verwendet werden dürfe. Daran hielten sich beide – der Atombombeneinsatz in Japan stellte keinen amerikanischen Alleingang dar.

Ferner standen Politik und Kriegführung in Ostasien auf der Tagesordnung von „Quadrant". Die Erörterung der damit verbundenen Fragen setzten Churchill und Roosevelt bei einem Treffen mit Chiang Kaishek in Kairo (22. bis 26.11.43) fort. Hierbei besprachen sie am Vorabend ihrer ersten gemeinsamen Begegnung mit Stalin neben operativen Angelegenheiten bereits Nachkriegsregelungen: China würde Taiwan und die Pescadoren Inseln zurückerhalten, Korea ein souveräner Staat werden.

Vom 28. November bis 1. Dezember 1943 konferierten sodann die „Großen Drei" in Teheran. Anlässlich dieser Zusammenkunft (Deckname „Eureka") glichen sie die Strategie innerhalb der *Grand Alliance* ab und bestimmten „Overlord" in Verbindung mit „Anvil" zur wichtigsten Operation im Jahr 1944. Der aufs höchste erfreute Stalin bot an, die Landung durch eine Großoffensive seiner Streitkräfte zu unterstützen. Und Roosevelts Stabschefs registrierten erleichtert, dass die Sowjetunion nach dem Sieg über Deutschland Japan den Krieg erklären werde. Das erschien wichtig, weil die Militärs wieder annahmen, dass die Invasion in Nippon unumgänglich sei. Die Alliierten brauchten daher Basen auf dem chinesischen Festland, und das hielt die kaiserliche Armee besetzt. Politisch ging es um die künftige polnisch-sowjetische Grenze, die deutsche Teilung, den Status von Finnland sowie den der Baltischen Länder, die Anerkennung von Josip Broz Tito als dem einzigen verbündeten Oberbefehlshaber in Jugoslawien und den türkischen Kriegseintritt, der effektiv erst am 1. März 1945 erfolgte.

Knapp vier Wochen vor Teheran gab Hitler am 3. November die „Weisung 51 für die Verteidigung des Westens" heraus

– seine letzte strategische Entscheidung im Zweiten Weltkrieg! Von der Angst vor einer alliierten Landung in Frankreich umgetrieben, verlegte er den Schwerpunkt seiner Kriegführung nach Westeuropa. Die „Gefahr im Osten", die fortbestand, sah Hitler durchaus. Nur meinte er im Spätherbst 1943, die „Größe des Raumes" erlaube dort „äußersten Falles einen Bodenverlust auch größeren Ausmaßes", denn dadurch würde der deutsche „Lebensnerv" nicht „tödlich" getroffen. Anders gewendet, die Kriegsentscheidung sollte an der Westfront fallen. Nach der Abwehr der Landung sei „alles vorbei", dann könnten „wieder Truppen aus dem Westen in den Osten verlegt werden". Hitler kehrte hiermit – unter fundamental veränderten Voraussetzungen – zu seiner militärstrategischen Grundkonzeption im ersten Kriegsjahr zurück. Dabei beließ er es, ganz egal wie bedrohlich sich die Lage im Osten darstellte.

Anfang 1944 verlief die mäandrierende Ostfront folgendermaßen: Leningrad, Il'men'-See, Vitebsk, Mozyr', Korosten', Fastov, Krivoj Rog, rund 30 km östlich Nikopol', Unterlauf des Dnepr, Cherson, Schwarzes Meer. Das bedeutete, dass die Sowjets mehr als die Hälfte ihres von den Deutschen seit Juni 1941 besetzten Territoriums befreit hatten.

Am 14. Januar startete die Rote Armee im ungefähr 400 km breiten Frontabschnitt Leningrad-Nevel' den Großangriff gegen die Heeresgruppe Nord, die sich bis zum März auf die maximal 270 km westlich der bisherigen Frontlinie verlaufende „Panther-Stellung" (Fluß Narva, Peipussee, Pskov, Novosokol'niki) zurückziehen musste. Bei der im Raum Polock-Mozyr stehenden Heeresgruppe Mitte scheiterten sowjetische Vorstöße. Hingegen wurde die von Mozyr bis Cherson reichende Südfront während der seit dem 4. März rollenden Frühjahrsoffensive gegen die Heeresgruppen Süd und A bis zum Mai – bezogen auf den Frontverlauf Ende 1943 – auf einer Breite von 700 km zum Teil um 500 km nach Westen verschoben: Zatoka am Schwarzen Meer, Unterlauf des Dnestr, Tiraspol', Iasi (rumänisch), östliche Ausläufer der Carpatii Orientali, Deljatin, Kovel', Südwestecke der Prip'at'-Sümpfe,

Mozyr. Das brachte es mit sich, dass die Heeresgruppe Mitte, zusätzlich zu ihrem 500 km breiten Abschnitt an der Ostfront, auf der Höhe von Mozyr eine sich 300 km nach Westen erstreckende Südfront hielt, insgesamt also eine Front von 800 km Länge. Den Abschluss der Frühjahrsoffensive bildete die Befreiung der Krim am 13. Mai 1944. Anschließend trat an der gesamten Ostfront bis zum 22. Juni eine Kampfpause ein.

Das Reich sah nicht nur operativ schweren Zeiten entgegen, ihm brach die Basis seiner Rüstungen weg. Mit Nikopol' verlor es unersetzliche Manganerzgruben. Am 5. April 1944 begann die 15. US-Luftflotte von Italien aus ihre Offensive gegen die rumänischen Erdölfelder sowie Ölraffinerien und Hydrierwerke im deutschen Machtbereich. Im selben Monat stellte die von den Alliierten unter Druck gesetzte Türkei die Chromerzlieferungen ein. Spanien reduzierte im Mai seine Wolframexporte nach Deutschland. Gleichzeitig starteten die systematischen Luftangriffe gegen die deutsche synthetische Treibstofferzeugung. Speer und seine Experten machten daraufhin eindringlich auf die verheerenden Folgen für die eigene Kriegführung aufmerksam, wenn keine Abhilfen geschaffen werden konnten. Äußerstenfalls drohe der Wehrmacht Bewegungsunfähigkeit.

Erschwerend kam hinzu, dass seit dem 1. April 11 000 alliierte Flugzeuge das Verkehrsnetz und militärische Ziele in Frankreich sowie Belgien attackierten. Sie warfen ungefähr 195 000 Tonnen Bombenlast zur Vorbereitung von „Neptune" ab, der Angriffsphase der Operation „Overlord". Am 6. Juni gegen 01.30 Uhr eröffneten sodann Luftlandedivisionen den Kampf, Landungsboote mit Bodentruppen folgten fünf Stunden später. Um 24.00 Uhr waren, wirkungsvoll unterstützt von der schweren Schiffsartillerie, 132 715 Mann in fünf Brückenköpfen zwischen les Dunes-de-Varreville und dem 80 km östlich davon gelegenen Merville angelandet. Die Alliierten verfügten bei „Overlord" über 86 Divisionen, 1213 Kriegsschiffe, 4126 Landungsfahrzeuge, 5112 Bomben-, 5409 Jagd- und 2316 Transportflugzeuge. Im Besitz der absoluten Luftherrschaft flogen diese am *D-Day* 14 647 Einsätze. Nach 24 Stunden galt die größte triphibische Operation des Weltkriegs als geglückt. „Neptune" endete am 30. Juni. Zu jenem Zeitpunkt befanden sich 850 279 alliierte Soldaten auf dem Festland. Ihre Zahl stieg bis Ende Juli auf 1 566 000 an. Daran gemessen, standen 58 deutsche Divisionen, die Piloten der sehr schwachen Luftflotte 3, die am Landungstag lächerliche 319 Starts ausführten, und die noch schwächeren Kräfte der Kriegsmarine auf verlorenem Posten.

Mit „Overlord" nahm die Befreiung Westeuropas ihren Anfang, obwohl amerikanische sowie freifranzösische Truppen erst am 25. August in Paris einrückten und die Alliierten bis Ende Juli 1944 nördlich der Linie Lessay, Saint-Lo, Caumont, Evrecy, Bourguébus, Troarn festlagen. Außerhalb jenes Raums erhielten sie auf direkte oder indirekte Weise Unterstützung seitens der etwa 250 000 Angehörigen der *Forces Francaises de l'Intérieur*. Wie in der Sowjetunion, in Polen, Jugoslawien, Griechenland und Italien besaß der Widerstand in Frankreich militärisch Gewicht. Daran erinnert aufs furchtbarste der Ort Oradour-sur-Glane, wo am 10. Juni 1944 Angehörige der 2. SS-Panzerdivision „Das Reich" 205 Kinder, 240 Frauen und 197 Männer brutal ermordeten. Ein Massaker an unschuldigen Menschen, keine Vergeltungsaktion – zu *vergelten* gab es nichts. Vielmehr sollte die maßlose Grausamkeit die Zivilbevölkerung einschüchtern und von Hilfeleistungen für die Partisanen abschrecken. Aus solcher Sicht ist Oradour typisch für deutsche Besatzungsherrschaft im Westen wie im Süden, Südosten und Osten – mörderische Terrorisierung der Bevölkerung.

Drei Tage nach dem Beginn der Landung in der Normandie eröffneten die Sowjets eine Offensive an der finnischen Front, die sie teilweise um 300 km nach Nordwesten zurückdrängten. Als sich der Kollaps des Landes abzeichnete, vereinbarte Helsinki am 19. September mit Moskau und London einen Waffenstillstand, der es verpflichtete, bei der Vertreibung der Deutschen aus Lappland mitzuhelfen. Den Finnen blieb keine andere Wahl, und die Deutschen verloren mit dem Bundesgenossen kriegswichtige Nickelerzlieferungen.

Dem Angriff in Karelien folgte eine rege, die Schwerpunkte geschickt verlagernde operative Tätigkeit der Roten Armee in allen Frontbereichen. Die am dritten Jahrestag des deutschen Überfalls gestartete Großoffensive von vier sowjetischen Heeresgruppen (2,2 Millionen Soldaten, 5200 Panzer, 5300 Flugzeuge) gegen die 700 000 Mann zählende, an Waffen- und Materialmangel leidende Heeresgruppe Mitte führte zu einer Katastrophe, die jene von Stalingrad übertraf. Am 8. Juli 1944 galten 28 Divisionen als vernichtet, 350 000 Soldaten waren gefallen, vermisst oder gefangen. Und in der Ostfront klaffte eine riesige Bresche, durch die Stalins Divisionen nach Ostpreußen sowie zum Weichselbogen bei Warschau vorstießen.

Als Folge des Vormarschs der 1. Weißrussischen Heeresgruppe erhob sich die nationalpolnische Heimatarmee in der Hauptstadt (1. 8. 44). Der Aufstand richtete sich direkt gegen das Besatzungsregime. Politisch sollte er, als nationaler Beitrag zum Sieg über Hitler, den Anspruch auf ein souveränes Polen untermauern. Weder die Amerikaner noch die Briten und am wenigsten die Sowjets, denen die Nationalpolen nicht ins Hegemonialkonzept passten, nutzten rechtzeitig alle Möglichkeiten, um der verzweifelt kämpfenden Heimatarmee zu helfen. Am 2. Oktober musste sie kapitulieren. Die Zahl der gefallenen, getöteten und ermordeten Polen belief sich auf über 250 000.

Kein erfreulicher Sommer für den „Führer". Nach dem Desaster in der Normandie und bei der Heeresgruppe Mitte überlebte er am 20. Juli nur knapp ein Attentat, für das Offiziere um Oberst i. G. Claus Graf Schenk v. Stauffenberg verantwortlich zeichneten. Den Verschwörern (zu ihnen gehörten neben Offizieren unter anderen Beamte, Politiker, Gewerkschaftsführer und Geistliche), ging es primär nicht mehr um Einflussnahme auf die alliierten Deutschlandpläne, dafür kam jener letzte Attentatsversuch, dem 200 Hinrichtungen folgten, zu spät. Es lässt sich auch nicht sagen, was der Tod Hitlers bewirkt hätte: Einstellung der Kampfhandlungen, Chaos, Bürgerkrieg, eine zweite Dolchstoßlegende? Geschichtswirksam wurde allein die Tatsache, dass diese Männer für ein besseres Deutschland handelten und starben. Allerdings erscheint es unangemessen, verallgemeinernd vom „militärischen Widerstand" zu sprechen, denn letzterer fand in der Wehrmacht nur sehr wenige zur Tat entschlossene Befürworter.

Am Ende durchbrachen die Amerikaner am 30./31. Juli auch noch die Front bei Avranches. Die britische 21. und die amerikanische 12. Heeresgruppe eröffneten danach einen Bewegungskrieg, in dem die Heeresgruppen B und D (später B, G und H) keine Chance besaßen. Ihnen fehlte nämlich zum einen die Luftunterstützung, und zum anderen litten sie schon vor Ende August, als die Sowjets das Erdölgebiet von Ploiesti besetzten, an Treibstoffmangel. Hitlers Divisionen „kämpften sich", so hieß es beschönigend, in Nord- und Südfrankreich „erfolgreich zurück". Dort führte die 7. US-Armee (VI. Korps und französisches II. Korps) am 15. August zwischen Hyères und Cannes das Landungsunternehmen „Dragoon" durch: 2000 landgestützte Flugzeuge und die Maschinen von 9 Flugzeugträgern garantierten die Luftherrschaft, 887 Kriegsschiffe, darunter 5 Schlachtschiffe, sicherten 1370 Landungsfahrzeuge, die – bei schwacher Abwehr der Armeegruppe G – in zwei Tagen annähernd 87000 Mann und 12250 Fahrzeuge anlandeten. Die strategische Bedeutung von „Dragoon" resultierte aus der Befreiung der südfranzösischen Häfen, über die, als sich die Versorgungslage an der Kanalküste wegen fehlender Auslademöglichkeiten zuspitzte, ein Drittel des Nachschubs für die alliierten Streitkräfte in Westeuropa lief.

Die 7. US-Armee (nachmalig 6. Heeresgruppe) stieß, ergänzt durch das französische I. Korps, in vier Wochen 500 km weit bis Pont-de-Roide, Lure und Luxeuil vor. Am 21. November verlief die Front nördlich vom befreiten Belfort.

Britische Truppen waren am 4. September in Antwerpen einmarschiert. Sie versäumten es jedoch, den Zugang zum Hafen, die von Deutschen kontrollierte Scheldemündung freizukämpfen. Montgomery konzentrierte sich – mit Eisenhowers Billigung – auf die Bildung eines Brückenkopfes am östlichen Rheinufer bei Arnheim und die Inbesitznahme von mehreren Flußbrücken (Operation „Market-Garden"). Dabei übersahen die beiden Generäle augenscheinlich, dass sie für die Offensive gegen das Reichsgebiet Antwerpen als Nachschubbasis benötigten. Ein teuer bezahlter Fehler: „Market-Garden" galt seit dem 25. September als gescheitert, während vor dem 28. November kein Versorgungsschiff in den Hafen von Antwerpen einlief.

Als erste deutsche Großstadt eroberten amerikanische Truppen am 21. Oktober Aachen. Sie kämpften sich bis zum 16. November an die Rur-Linie vor und kontrollierten ab dem 8. Dezember das Gebiet westlich davon (Roermond bis Heimbach). Aber Hitler gab nicht auf. Mit letzten Reserven inszenierte er zwischen Monschau und Echternach am 16. Dezember die Operation „Wacht am Rhein", die Ardennenoffensive. Es trat an die Heeresgruppe B mit drei Armeen (21 Divisionen) und 1794 Flugzeugen. Ihr gelang die taktische Überraschung des Gegners, das Operationsziel erwies sich freilich als utopisch: Der Durchbruch über die Maas nach Antwerpen (um Amerikaner und Briten zu trennen) sowie die Umfassung der 21. Heeresgruppe sollten Großbritannien, in dem es aufgrund des befürchteten Verlusts seiner weltpolitischen Vormachtstellung an die Vereinigten Staaten eine Krise zu geben schien, doch noch zum Arrangement mit Hitler bewegen.

Sobald sich das Wetter besserte, blieb der Angriff wegen der alliierten Luftüberlegenheit liegen. Es folgte, so Speer in seinen Erinnerungen, die „von einem wirren und ohnmächtigen Widerstand verzögerte Besetzung" Deutschlands.

Anfang 1945 gab es allerdings noch eine relativ stabile Front. Sie nahm ihren Lauf von Rotterdam über Tilburg, Aachen, Trier, Saarbrücken nach Karlsruhe, östlich an Straßburg und westlich an Colmar vorbei zum befreiten Mulhouse.

Im Hinblick auf die Lage im Osten wird oft behauptet, dass Hitler die Kämpfe dort bis zuletzt fortsetzen ließ, um zahllosen Flüchtlingen das Leben und möglichst viele Soldaten vor sowjetischer Kriegsgefangenschaft zu retten. Ein Mythos, in Wahrheit interessierte ihn das harte Los dieser Menschen wie der Deutschen insgesamt nachweislich nicht im Geringsten.

Stalin startete im Südabschnitt der Ostfront am 20. August 1944 eine in erster Linie politisch motivierte Offensive zur Vertreibung der Wehrmacht aus Südosteuropa. Sofort hoffte Hitler, der mit einer britisch-sowjetischen Interessenkollision rechnete, auf den Bruch der *Grand Alliance*. Stattdessen vereinbarten Churchill und Stalin, die seit dem 9. Oktober in Moskau konferierten, Einflussbereiche. Demnach sollte Bulgarien zu 80 %, Rumänien zu 90 %, Ungarn zu 80 % sowjetischem und Griechenland zu 90 % britischem Einfluss unterliegen. In Bezug auf Jugoslawien einigten sie sich auf jeweils 50 %.

Schon vorher vollzogen Rumänien und Bulgarien den Seitenwechsel. Die neuen Regierungen erklärten dem Reich am 25. August respektive 8. September den Krieg. Zu einem harten Ringen kam es in Ungarn, wo sich das ab Heiligabend 1944 eingeschlossene Budapest zum zweiten Stalingrad entwickelte.

Die Situation in Südosteuropa zwang die deutschen Truppen auf dem Balkan, sich ab September kämpfend über 1500 km aus Griechenland, Albanien und Montenegro auf die Drina-Linie in Zentraljugoslawien und danach, vom Januar bis April 1945, auf die damalige deutsch-kroatische Grenze zurückzuziehen.

Im Norden der Ostfront igelte sich die Heeresgruppe Nord (ab 25.1.45 „Kurland") vom Oktober bis zum Kriegsende im heutigen Kurzeme ein. Mitte des Monats verübten Rotarmisten bei einem abgewehrten Vorstoß im ostpreußischen Nemmersdorf, südlich von Gumbinnen, bestialische Gräueltaten an der Zivilbevölkerung. Wegzeichen für den Leidensweg von Millionen Ost- und Sudetendeutschen – nur kam all das nicht von ungefähr.

3. Kriegsende in Europa

Zu Jahresbeginn 1945 verlief die Ostfront 180 bis 350 km entfernt von der Reichsgrenze 1937 (ausgenommen Ostpreußen) entlang der Memel bis Schmalleningken sowie östlich Insterburgs nach Lomza, erreichte mit dem Narew Warschau und begleitete die Weichsel bis Deblin. Danach entwickelte sie sich über Rzeszow in Richtung Kaschau, folgte der ungarisch-slowakischen Grenze nach Sahy, erstreckte sich via Gran, Budapest, dem Belaton bis Legrad an der Drau und von dort nach Bac Palanka. Sie näherte sich sodann Cazak, durchquerte Jugoslawien im Vorfeld der Drina-Linie bis Mostar und endete in Zara.

Aus dem Weichsel-Brückenkopf Baranòw-Sandomierz antretend, leitete die Rote Armee ab dem 12. Januar ihre die Entscheidung suchende Großoffensive zwischen Memel und Drau ein, an der am Ende acht Heeresgruppen teilnahmen (1. Baltische, 1.–4. Ukrainische sowie 1.–3. Weißrussische). Die völlig abgekämpften Divisionen des Ostheeres konnten dem nichts entgegensetzen. Trotzdem begann die Evakuierung aus Ostpreußen und den Häfen der Danziger Bucht erst am 23. Januar 1945.

Das Finale des Kriegs in Europa, in das die Westalliierten mit den am 8. Februar östlich Nijmegen und am 23. an der Rur eröffneten Schlussoffensiven eingriffen, und zu dem unter anderem verheerende, militärisch schwer zu begründende Luftangriffe gehörten, stellte für Millionen Deutsche die schrecklichste Phase des Weltkriegs dar. Jenes Ende dokumentiert aber zugleich, insbesondere angesichts des sinnlosen, selbstzerstörerischen Kampfes auf dem Reichsgebiet, eine kaum zu überbietende Verantwortungslosigkeit der obersten militärischen Führung und ihrer Gerichtsbarkeit – befangen in perverser Loyalität gegenüber einem verbrecherischen Staatschef.

Der dramatische Rest kann nüchtern resümiert werden: Am 12. April verstarb gänzlich überraschend Präsident Roosevelt. Ihm folgte Harry S. Truman nach, der eine distanziertere Einstellung zu Stalin besaß. Hitler reagierte am 15. April mit einem exaltierten Aufruf an die „Soldaten der deutschen Ostfront", in dem es hieß: „Im Augenblick, in dem das Schicksal den größten Kriegsverbrecher aller Zeiten dieser Erde weggenommen hat, wird sich die Wende dieses Krieges entscheiden." Und weiter: „Berlin bleibt deutsch, Wien wird wieder deutsch und Europa wird niemals russisch." Angehörige der engsten Umgebung des „Führers" wollten nicht ausschließen, dass er das ernsthaft annahm. Die Wirklichkeit sah anders aus. Einheiten der *US Army* und der Roten Armee reichten sich am 25. April bei Torgau an der Elbe die Hände, am selben Tag schlossen sowjetische Truppen Berlin ein, das am 2. Mai kapitulierte. Bereits am 30. April verübte Hitler, der kurz zuvor Großadmiral Dönitz zu seinem Nachfolger als Staatsoberhaupt bestimmt hatte, im Bunker unter der Reichskanzlei Selbstmord. Die bedingungslose *militärische* Gesamtkapitulation unterzeichneten Generaloberst Jodl „im Auftrage" des Oberkommandos der Wehrmacht am 7. Mai in Eisenhowers Hauptquartier in Reims sowie Generalfeldmarschall Keitel und andere Offiziere am 9. Mai im sowjetischen Hauptquartier in Berlin-Karlshorst.

Die Mitglieder der Regierung Dönitz sahen sich am 23. Mai in die Kriegsgefangenschaft überführt. Am 5. Juni übernahmen die vier „Militärgouverneure" mit der „Berliner Deklaration" die oberste Gewalt in Deutschland und in ihrer jeweiligen Besatzungszone. Damit trat das am 14. November 1944 unterzeichnete „Kontrollabkommen" in Kraft. Es regelte die Kompetenzen und Aufgaben des „Alliierten Kontrollrats" (Oberbefehlshaber) als höchster Behörde der Hauptsiegermächte in Deutschland als Ganzem. Zu letzteren gehörte seit der Konferenz von Jalta (4. bis 11.2.45) auch Frankreich.

Beim Treffen auf der Krim, Deckname „Argonaut", mit dem die Kriegspolitik der *Grand Alliance* ihren Höhepunkt erreichte, bestätigte Stalin gegenüber Churchill und Roosevelt, dass er drei Monate nach dem Kriegsende in Europa Japan den Krieg erklären werde. Ein Chiang Kaishek nicht bekanntes Geheimdokument sicherte der Sowjetunion dafür ostasiatische Gebiete zu. Im Mittelpunkt der Gespräche standen Nachkriegsfragen. Sie betrafen die Vereinten Nationen (Gründungskonferenz 25.4. bis 26.6.45 in San Francisco), die Reparationen, die Vernichtung von „Nazismus und Militarismus", die Zukunft der Rüstungsindustrien, die Kriegsverbrecherprozesse sowie die politische Gestaltung Südost- und

Ostmitteleuropas. Im Hinblick auf Polen legten die Alliierten eine Ostgrenze fest, die, um das von Moskau beanspruchte Territorium zu kompensieren, eine Westverschiebung des Landes implizierte. Das heißt, die Einigung ging zu Lasten des Deutschen Reichs. Deutliche Meinungsunterschiede gab es hinsichtlich der von Moskau massiv beeinflussten innerpolnischen Entwicklung.

Ansonsten deutete sich im Verlaufe der Tagung an, dass es zu einer bipolaren, konfliktären Weltordnung kommen könnte. Nichtsdestoweniger überwog vorerst bei allen Beteiligten Zufriedenheit mit den in Jalta erarbeiteten Ergebnissen. Roosevelts Appeasement, so Harry Hopkins, der Sonderbeauftragte des Präsidenten, schien sich auszuzahlen.

Entsprechend hoffnungsvoll begann die Konferenz in Potsdam (17.7. bis 2.8.45), Deckname „Terminal", zwischen Truman, Stalin und Churchill, der nach dem Wahlsieg der *Labour Party* am 26. Juli zurücktrat. Zwei Tage später folgte ihm Clement R. Attlee nach, bisher unter anderem stellvertretender Ministerpräsident und Mitglied des Kriegskabinetts. Die wichtigsten Besprechungspunkte betrafen die deutsche Frage und die Fortsetzung des Kriegs gegen Japan. Auf Deutschland bezogen diskutierten die Sieger über Besatzungszonen, die Erhaltung der ökonomischen Einheit, Reparationen, Wirtschaftskontrolle, Demontagen, Gebietsabtretungen, Umsiedlungen aus Polen, Ungarn und der Tschechoslowakei, Kriegsverbrechen, Entnazifizierung, Demilitarisierung, Demokratisierung und Wiedergutmachung. „Terminal" scheiterte zwar nicht, aber die Basis für eine einvernehmliche Deutschland- und Weltpolitik war nach der letzten Kriegskonferenz sehr viel schmaler.

4. Finale im Fernen Osten

Amerikaner, Briten und Chinesen appellierten mit der „Potsdamer Erklärung" vom 26. Juli an Japans Regierung, die „bedingungslose Kapitulation aller ihrer Streitkräfte zu vollziehen". Hinzu traten territoriale, wirtschaftliche, rechtliche

und die politische Kultur berührende, alles in allem annehm-
bare „Bedingungen". Nur sahen das Tokyos Falken ganz anders. Sie setzten die Ablehnung des Ultimatums durch, obwohl selbst der Kaiser empfahl, den Krieg durch sowjetische
Vermittlung zu beenden. Japans Hardliner ignorierten zudem
die erdrückende militärische Überlegenheit der *Anti-Nippon-
Koalition.*

Im Juni 1943 hatte diese eine Offensive im südwestpazifi-
schen Raum begonnen. MacArthurs Soldaten landeten auf
den Salomon-Inseln New Georgia und Rendova sowie nördlich davon auf Vella Lavella. Dabei umgingen und isolierten
sie die mächtige Garnison auf Kolombangara. Zum ersten
Mal praktizierten die amerikanischen Streitkräfte hier ihre
Taktik des Inselspringens: Umgehung und Isolation, das heißt
operatives Ausschalten starker Stützpunkte, durch Eroberung
benachbarter schwacher Basen. Ein Verfahren, das eigene
Verluste vermied, aber auf den eingeschlossenen Inseln oft
zu katastrophalen Lebensbedingungen führte. Im November
1943 setzte das Ringen um Bougainville (Salomonen) ein.
Danach starteten systematische Luftangriffe gegen Rabaul
(New Britain), Japans gewaltigsten Stützpunkt im Südpazifik,
der nach der Befreiung der *Admiralty Islands* im Mai 1944 als
dauerhaft neutralisiert galt.

Eine zweite, im November 1943 im Zentralpazifik, der zum
Befehlsbereich von Admiral Nimitz gehörte, ausgelöste Offen-
sive befreite am 23. Tarawa (Gilbert-Inseln) und öffnete den
Weg zu den Marshall-Inseln. Im Januar 1944 nahmen die
Amerikaner dort Kwajalein, Majuro sowie Roi-Namur, Mitte
Februar das 500 km nordwestlich gelegene Eniwetok in Besitz.
Bis Ende April zerstörten sie Nippons Hauptstützpunkt
im zentralpazifischen Seegebiet, das Atoll Truk (Karolinen).
Gleichzeitig versetzten U-Boote der *US Navy* dem japanischen
Nachschubverkehr seit Ende 1943 härteste Schläge, wobei
anzumerken ist, dass nicht der strategische Bombenkrieg,
sondern die von der *US Navy* und der *US Army Air Force*
durchgeführte Blockade des Mutterlands Tokyos Kriegsin-
dustrie fast zum Erliegen brachte.

Wird der Blick nun auf das Festland gelenkt, wo nach Pearl Harbor der chinesisch-japanische Krieg mit dem Weltkrieg verschmolz, so zeigt sich, dass das Kaiserreich bis April 1944 ungefährdet ein Gebiet besetzt hielt, das die Innere Mongolei nördlich der Großen Mauer bei Datong-Beijing umfasste, sich von jenem Kulturdenkmal 1300 km nach Süden ausdehnte, etwa bis zur Linie Changde-Wenzhou, und im beschriebenen Raum von der Ostküste zwischen 400 und 1000 km nach Westen reichte.

Während sich die Alliierten quer durch den Pazifik an die 5000 km entfernten japanischen Hauptinseln herankämpften, um die Voraussetzungen für die bis Juli 1945 als notwendig erachtete Invasion zu schaffen, versuchten die Japaner, dem im Februar 1944 mit einem Vorstoß von West-Burma nach Ostindien entgegenzuwirken. Die Operation, an der sich auch die „Nationalarmee" von S. Ch. Bose beteiligte, endete mit der größten Niederlage in der Geschichte der kaiserlichen Armee.

Erfolgreich verlief hingegen Japans letzte Großoffensive (Deckname ICHI-GO), die im April 1944 begann. Die Angreifer schufen eine Landverbindung zum 850 km entfernten Indochina und okkupierten weite Gebiete Zentral- sowie Südchinas, wovon Chiang Kaishek nur noch kleine Teile kontrollierte. Sie vernichteten de facto die nationalchinesische Armee, beherrschten durch Besetzung oder starke Brückenköpfe die chinesische Gegenküste und eroberten alle von der *US Army Air Force* für ihre Einsätze genutzten Stützpunkte (ab November 1944 bombardierten die Amerikaner Japan von Guam und Saipan aus). So gesehen bestand Chinas Bedeutung im Frühjahr 1945 vor allem darin, dass es eine Million gegnerischer Soldaten band.

Inzwischen hatte die Doppeloffensive im Pazifik im Juni 1944 die Marianen erreicht – bis zum 11. August Befreiung der amerikanischen Insel Guam und der japanischen Mandatsinseln Saipan sowie Tinian. Dabei kam es zu der für die kaiserliche Marine verheerenden See-Luft-Schlacht in der Philippinen-See. Nippons zurückverlegte Verteidigungslinie verlief nun von den Philippinen über Taiwan, die Ryukyu-Inseln und das Mutterland zu den Kurilen. Bis Ende Juli befreiten australische sowie amerikanische Truppen Neuguinea. Lediglich isolierte Reste der japanischen 18. Armee verteidigten sich noch auf der Insel. Mitte September folgten der Landung auf Peleliu, zur Palau-Gruppe gehörend, mehrwöchige, sehr verlustreiche Kämpfe. Das Koralleneiland sollte bei der Befreiung der Philippinen, die am 20. Oktober mit der Landung der 6. US-Armee auf Leyte begann, die rechte Flanke MacArthurs schützen. Die Truppen des Generals rangen noch um die Erweiterung des Landekopfes, als Amerikaner und Japaner in der Leytebucht die größte Seeschlacht aller Zeiten schlugen (22. bis 25.10.44). Des Tennos Admiräle spielten alles oder nichts – und verloren! Danach ließ sich die Rückeroberung der Philippinen, wo die Gefechte bis zum Juni 1945 andauerten, nicht mehr verhindern.

Schon am 19. Februar 1945 befahl Nimitz die Invasion auf der 1045 km südlich von Tokyo gelegenen Insel Iwojima. Ihre nicht zwingend notwendige Einnahme führte zu einem äußerst blutigen, 36 tägigen Kampf. Den strategischen Schlussstein der alliierten Pazifikoffensiven bildete die Eroberung von Okinawa, 550 km entfernt von Kyusyu, der südlichsten japanischen Hauptinsel. Okinawas Besitz galt aufgrund der nach wie vor geplanten Invasion in Japan als unverzichtbar, und am 1. April landeten – unterstützt von über 1200 Kriegsschiffen – vier amerikanische Divisionen. Die zermürbenden Kämpfe von 180 000 Amerikanern gegen 110 000 Japaner, die über hervorragend ausgebaute Verteidigungsstellungen verfügten, endeten erst am 21. Juni 1945. Bei der Abwehr der Landungsstreitmacht und in den Gefechten im Inselvorfeld erwiesen sich die Kamikazeflieger, die bis zu 2000 Einsätze flogen, als wirkungsvollste japanische Waffe. Die *US Navy* erlitt bei Okinawa die schwersten Verluste des Weltkriegs. Insgesamt beklagten die Angreifer 12 500 Gefallene und 37 000 Verwundete. Von den Verteidigern überlebten lediglich 7400 Mann. Wie auf Saipan, wo 1944 Tausende Zivilisten, nicht immer freiwillig, ihre Familien und sich selbst töteten, statt sich zu ergeben, so befahlen auch auf Okinawa Offiziere der Bevölkerung, den Tod der Kapitulation vorzuziehen. Rund 150 000 Menschen verloren auf der Insel ihr Leben durch Kriegseinwirkung, japanische Militärs, Freunde, Verwandte oder eigene Hand.

Angesichts der Ereignisse auf Okinawa sahen die Alliierten einer Landung auf den japanischen Hauptinseln besorgt entgegen. Sie ahnten, dass die vom Kriegsminister, General Korechika Anami, vom Chef des Generalstabs, General Hoshijiro Umezu, und vom Chef des Admiralstabs, Admiral Soemu Toyoda, angeführte radikale Militärclique – nach fanatischem Widerstand – das Volk eher in den kollektiven Selbstmord treiben als sich ergeben würde. Aufgrund der gesammelten Erfahrungen rechneten Amerikaner und Briten bei der Invasion auf Kyusyu mit mindestens 250 000 Gefallenen sowie Verwundeten. Bei der Eroberung des ganzen Mutterlandes hätte sich ihre Zahl im Extremfall auf bis zu 1,5 Millionen erhöhen können.

In einer derartigen Situation erfuhr Truman am 17. Juli 1945 während der Potsdamer Konferenz, dass die Vereinigten Staaten über die Atombombe verfügten. Churchill schreibt in seinen Memoiren, dass er und der Präsident gar nicht darüber sprachen, ob die „Atombombe anzuwenden sei oder nicht". Sie erschien ihnen als ein „wahres Wunder der Erlösung", befreite beide vom „Albdruck" der Invasion. Am 26. Juli erging sodann das erwähnte Ultimatum, das die Japaner zwei Tage später ablehnten, wohl in der Annahme, dass die Westmächte letzten Endes wegen der zu erwartenden hohen Verluste vor der Landungsoperation zurückschrecken und zu einem Kompromissfrieden bereit sein würden. Japans Falken pokerten, obwohl die Nation bei einem Luftangriff mit Brandbomben (in der Nacht vom 9. auf den 10. März 1945) in Tokyo 100 000 Tote beklagte. Überhaupt ließen sie die Folgen der strategischen Luftoffensive unbeachtet. Jene setzte am 15. Juni 1944 ein, und bis zum August 1945 warfen Superbomber des Typs B 29 Bomben mit einem Gesamtgewicht von 169 700 Tonnen ab. Ende Juli 1945 lagen die meisten Städte und größeren Ortschaften in Schutt und Asche. Wirtschaft, Industrie, Verkehrs- und Nachrichtensystem galten als zerstört oder gelähmt.

Truman wiederum hatte im Grunde keine Wahl. Im Besitz der Bombe, und wissend, dass das amerikanische Volk ein schnelles Kriegsende wünschte, musste er diese einsetzen, um Japan zur Kapitulation zu zwingen. Am 6. August erlebte Hiroshima, am 9. Nagasaki den Atombombenabwurf: 212 545 Tote und 154 000 Verwundete. Ein Doppelschlag, dessen Wirkung noch dadurch erhöht wurde, dass Moskau Tokyo am 8. August den Krieg erklärte und am folgenden Tag mit drei Heeresgruppen eine Großoffensive gegen die hoffnungslos unterlegene Kwantung-Armee startete. Japan bekundete daraufhin am 10. August seine Bereitschaft, die Potsdamer Erklärung anzunehmen. Doch die Militärclique legte sich erneut quer, sie wollte den Krieg fortsetzen und erwog sogar den Staatsstreich. Nippon, das noch große Gebiete in China, Südostasien und Indonesien besetzt hielt, was bei manch einem den Wirklichkeitssinn getrübt haben mag, durchlebte eine ernste Krise. Aber am 14. August, der Tenno warf erneut seine ganze Autorität für die Friedenspartei in die Waagschale, erklärte sich das Land endgültig bereit, die Bedingungen der Potsdamer Erklärung zu erfüllen. Am 2. September unterzeichneten Vertreter Japans und der *Grand Alliance* auf dem US-Schlachtschiff „Missouri" die Kapitulation.

VII. Das Erbe des Zweiten Weltkriegs

Als die Waffen schwiegen, endete ein globaler Systemkonflikt, der in Europa ebenso wie in Asien über weite Strecken Vernichtungscharakter besaß, und in dem von 1939 bis 1945 etwa 110 Millionen Soldaten unter Waffen standen. Mehr als 60 Millionen Menschen starben bei Kampfhandlungen regulärer Truppen im Land-, Luft- und Seekrieg, als Opfer des Genozids, im Partisanenkampf, durch Repressalien sowie

Kriegs- und Vertreibungsverbrechen. Die dazu existenten Zahlen sind bekanntlich nicht absolut zuverlässig und oft widersprüchlich. Unstrittig ist jedoch, dass die Sowjetunion mit 25, China 15, Deutschland 7, Polen 6 und Japan 2,5 Millionen Toten die größten Verluste verzeichneten. Außerdem kam es in Europa und Asien durch Flucht sowie zwangsweise Aussiedlung zu Bevölkerungsverschiebungen, die viele Millionen Menschen betrafen. Zu erinnern ist ferner an das Los der Zwangsarbeit verrichtenden Frauen und Männer. Im Dritten Reich handelte es sich um nicht weniger als 7,8 und in Japan 2,1 Millionen Personen.

Hinzu traten die materiellen Schäden, die insbesondere in Osteuropa, in China und, was die Städte sowie das Verkehrswesen anbelangt, in Japan und Deutschland ein riesiges Ausmaß erreichten. Zerstört wurden zum Beispiel in der Sowjetunion 1710 Städte und 70 000 Dörfer, im Ganzen 6 Millionen Gebäude; in Deutschland 1,63 Millionen Gebäude mit 5 Millionen Wohnungen; und in Japan 3,7 Millionen Wohnungen. Schätzungen für die gesamte materielle Kapitalvernichtung variieren deutlich. Das gilt auch für die Verluste, welche die nationalen Volkswirtschaften als indirekte Folgen des Kriegs erlitten.

Andererseits zählen viele technische und wissenschaftliche Neuerungen zum Erbe des Zweiten Weltkriegs. Die Vereinigten Staaten bauten die Atombombe und ebneten den Weg zur Nutzung der problembeladenen Atomkraft. Mit dem Düsenflugzeug bahnte sich, von seiner militärischen Bedeutung ganz abgesehen, eine Revolutionierung des zivilen Luftverkehrs an; und der Krieg legte die Fundamente für die Raumfahrt. Zu erwähnen sind darüber hinaus das Radar, die Computertechnologie, die Informatik, Produktionstechniken für die Massenfertigung, neue Medikamente und medizinische Verfahren.

Zu den wesentlichen Implikationen des Kriegs gehörten gesellschaftliche und sittliche Phänomene, die freilich nicht alle für jedes Land gleichermaßen erheblich gewesen sind, etwa: Die Ermordung der europäischen Juden, bei der die Schuldfrage unter kriminellen, politischen, moralischen und metaphysischen Gesichtspunkten zu beantworten wäre; der Krankenmord der Nazis; die Kriegsverbrechen in Asien und Europa sowie deren in Deutschland, Italien und Japan höchst unbefriedigende Ahndung; die Behandlung der Kriegsgefangenen, von denen in japanischer Gefangenschaft 27% der anglo-amerikanischen, in deutscher 58% der sowjetischen und in sowjetischer 12% der deutschen starben; die Auseinandersetzung mit Kollaborateuren; die Konsequenzen der Bürgerkriege in Griechenland und Italien; die sozialen Auswirkungen von Bombardierung, Umsiedlung und Zusammenbruch; die Erweiterung des Demokratisierungsprozesses; das Bemühen, in einer offener gewordenen Welt allgemeine Chancengleichheit zu schaffen; der Versuch, die Klassengesellschaft abzubauen; die Emanzipation der Frauen. Ihr millionenfacher Einsatz als Arbeiterinnen in allen Wirtschaftszweigen, als Hilfskräfte im militärischen Bereich, als Flakwaffenhelferinnen, Sanitätspersonal, reguläre Soldatinnen sowie Partisaninnen zeitigte Folgen, die das traditionelle Frauenbild und das bis zum Kriegsbeginn anerzogene weibliche Selbstverständnis radikal in Frage stellten.

Der „Große Krieg" veränderte die globale Mächtekonstellation. Politisch als bipolare Ordnung der ideologisch geteilten Welt und militärisch als Gleichgewicht des Schreckens im Kalten Krieg bestand das modifizierte internationale System nahezu 50 Jahre. Europa blieb dabei im Mittelpunkt des Geschehens, doch seine Länder verwandelten sich von Subjekten zu Objekten der Weltpolitik. Ganz unmittelbar zeigte sich das in Bezug auf die besiegte Großmacht Deutschland. Ihre Niederlage fiel so total aus, dass ein Nichtwahrhabenwollen des Geschlagenseins im Stil von 1918 ausschied. Dies erleichterte die Eingliederung in die Gemeinschaft der demokratischen Staaten. Ähnlich verhielt es sich mit Japan, das im Friedensvertrag von San Francisco (8.9.51), den China und die Sowjetunion nicht unterzeichneten, mit dem Kolonialreich seinen Großmachtstatus verlor.

Bei den Siegern trat der machtpolitische Umbruch erst im Verlauf der Dekolonisation zutage, die, wie die Gründung der

Vereinten Nationen und die Fortentwicklung des Völkerrechts, zu den universalhistorischen Folgen des Weltkriegs gehört. Die Vereinigten Staaten entließen die Philippinen bereits am 4. Juli 1946 in die Unabhängigkeit. Italien verzichtete am 10. Februar 1947 im Friedensvertrag von Paris, der zudem Finnland, Bulgarien, Rumänien und Ungarn betraf, auf seine Kolonien. Anschließend erfasste die Auflösung der Kolonialreiche Belgien, Frankreich, Großbritannien, die Niederlande, Portugal und Spanien. Sie verlief als Emanzipationsbewegung unterdrückter Völker in Asien, im Nahen Osten und in Afrika unterschiedlich. Doch die weltgeschichtliche Bedeutung der tief greifenden Veränderung, die zahlreiche souveräne Staaten hervorbrachte, und in deren Verlauf sich das Drama der europäischen Geschichte im Spannungsbogen von Nationalstaat, Diktatur, Demokratisierung und Industrialisierung mit anderen Protagonisten in gewisser Weise wiederholte, steht außer Frage.

Ebenfalls zum Erbe des Zweiten Weltkriegs gehört der Aufbau von integrativen Gemeinschaftsstrukturen, an den sich europäische Staaten machten. Das zeigt, dass Europa zunehmend als demokratisches, den Frieden stabilisierendes Projekt begriffen wird. Mit jahrzehntelangem Abstand vom Kriegsende schickt es sich als Europäische Union an, eine eigenständige, attraktive weltpolitische Kraft zu werden.

Die Epoche der Weltkriege scheint in der großen Politik abgeschlossen zu sein, die Teilung der Welt ist seit dem „Vertrag über die abschließende Regelung in Bezug auf Deutschland" vom 12. September 1990, der unter anderem die Grenzen des vereinten Deutschlands festschrieb, endgültig überwunden, kein „Eiserner Vorhang" trennt die Völker. Dennoch wirkt der Zweite Weltkrieg in verschiedenen Lebensbereichen weiterhin nach – und daran dürfte sich in absehbarer Zukunft kaum etwas ändern: zu viele ungelöste Probleme, zu tief die Wunden, die der Krieg schlug, zu unbefriedigend (trotz der Kriegsverbrecherprozesse) seine juristische Aufarbeitung.

VIII. Nachwort

„Dasselbe Elend, das euch jetzt hohläugig durch Ruinen jagt, habt ihr den anderen Völkern Europas kalten Herzens selbst bereitet und habt euch nicht einmal umgesehen nach dem Jammer der euer Werk war." Auch deshalb, weil diese im Mai 1945 gemachten Anmerkungen des österreichischen Schriftstellers Franz Werfel zutrafen, sind wir mit dem zweiten „Großen Krieg", an dem 58 Staaten teilnahmen, historisch, politisch und psychologisch noch lange nicht fertig. Das festzustellen, hat nichts mit obsessiver nationaler Nabelschau im Hinblick auf die furchtbarste Periode der deutschen Geschichte zu tun, wie dies von Anhängern des so genannten kommunikativen Beschweigens, das heißt Verdrängens unterstellt wird. Bei ihnen geht damit oft das Verlangen einher, jene Vergangenheit durch einen Schlussstrich zu bewältigen beziehungsweise nur eine ausgewählte Erinnerung an die Jahre von 1933 bis 1945 zu erhalten. Tatsächlich aber ist es notwendig, sich mit der nationalsozialistischen Zeit aus globaler Sicht kritisch auseinander zu setzen, um das Geschehen in seinen weltweiten Zusammenhängen zu begreifen und im Gedächtnis zu bewahren.

Dazu versucht die vorliegende Geschichte des Zweiten Weltkriegs beizutragen. Aufgrund der Vorgaben der Reihe „Wissen" handelt es sich um eine sehr konzentrierte Darstellung, die zudem auf einen wissenschaftlichen Apparat verzichten musste. Zu hoffen bleibt, dass es nichtsdestoweniger gelungen ist, das Werden dieses Kriegs verständlich und sein komplexes Wesen anschaulich zu machen.

Der Verfasser dankt Herrn Dr. Jürgen Förster, Herrn Friedrich Haber, Herrn Dr. Dieter Hartwig, Herrn Prof. Dr. Wolfgang Michalka und Herrn Dr. Walter Schwengler für das sorgfältige Lesen des Manuskripts. Dank gebührt ferner den Angehörigen des Verlagslektorats, insbesondere Herrn Dr. Detlef Felken für eine stets angenehme Zusammenarbeit.

Literaturhinweise

Bücher über den Zweiten Weltkrieg sind Legion. Die hier ausgewählten wenigen deutschsprachigen Titel sollen es dem Leser ermöglichen, Einzelaspekte des Themas zu vertiefen.

Der deutsche Angriff auf die Sowjetunion 1941. Die Kontroverse um die Präventivkriegsthese, hrsg. von Gerd R. Ueberschär und Lev A. Bezymenskij, Darmstadt 1998. (*Fundierte Widerlegung der Präventivkriegsthese, mit wichtigen Dokumenten.*)

Das Deutsche Reich und der Zweite Weltkrieg, hrsg. vom Militärgeschichtlichen Forschungsamt, (bisher) 7 Bde., Stuttgart 1979–2001. (*Grundlagenforschung; trotz qualitativer Schwankungen und konzeptioneller Schwächen ein Standardwerk.*)

Ulrich Herbert, Fremdarbeiter. Politik und Praxis des „Ausländer-Einsatzes" in der Kriegswirtschaft des Dritten Reiches, 2. Aufl., Berlin, Bonn 1986. (*Kenntnisreichste Untersuchung zum Thema.*)

Klaus Hildebrand, Deutsche Außenpolitik 1933–1945. Kalkül oder Dogma? 4. Aufl., Stuttgart 1980. (*Ein Klassiker, der Hitlers Politik umfassend darstellt und treffsicher verortet.*)

Andreas Hillgruber, Hitlers Strategie. Politik und Kriegführung 1940–1941, 2. Aufl., München 1982. (*Unübertroffene und aspektreiche Untersuchung, deren Erscheinen 1965 für die Weltkriegsforschung eine Zäsur bedeutete.*)

Helmut Krausnick und Hans-Heinrich Wilhelm, Die Truppe des Weltanschauungskrieges. Die Einsatzgruppen der Sicherheitspolizei und des SD 1938–1942, Stuttgart 1981. (*Mustergültige Grundlagenforschung.*)

Bernd Martin, Deutschland und Japan im Zweiten Weltkrieg. Vom Angriff auf Pearl Harbor bis zur deutschen Kapitulation, Göttingen 1969. (*Als deutschsprachige Arbeit ohne Konkurrenz.*)

Manfred Messerschmidt und Fritz Wüllner, Die Wehrmachtjustiz im Dienste des Nationalsozialismus. Zerstörung einer Legende, Baden-Baden 1987. (*Unverzichtbar für jede Auseinandersetzung mit der Wehrmachtjustiz.*)

Klaus-Jürgen Müller, Armee, Politik und Gesellschaft in Deutschland 1933–1945, 4. Aufl., Paderborn 1986. (*Drei konzise, methodisch richtungweisende Interpretationsbeispiele.*) .

Rüdiger Overmans, Deutsche militärische Verluste im Zweiten Weltkrieg, München 1999. (*Akribische, methodisch überzeugende Arbeit, die alle zuvor präsentierten Daten obsolet macht.*)

Repression und Kriegsverbrechen. Die Bekämpfung von Widerstands- und Partisanenbewegungen gegen die deutsche Besatzung in West- und Südeuropa, hrsg. von Ahlrich Meyer, Berlin, Göttingen 1997. (*Der Band schloss eine Forschungslücke.*)

Stalingrad. Ereignis, Wirkung, Symbol, hrsg. von Jürgen Förster, München, Zürich 1992. (*International das aspektreichste Buch über Stalingrad.*)

Christian Streit, Keine Kameraden. Die Wehrmacht und die sowjetischen Kriegsgefangenen 1941–1945, Bonn 1991. (*Materialreiches, bahnbrechendes Werk.*)

Die Wehrmacht. Mythos und Realität, hrsg. von Rolf-Dieter Müller und Hans-Erich Volkmann, München 1999. (*67 Aufsätze bieten wertvolle Informationen, doch kein Gesamtbild.*)

Gerhard L. Weinberg, Eine Welt in Waffen. Die globale Geschichte des Zweiten Weltkriegs, Stuttgart 1995. (*Umfangreiche Studie, bemerkenswert die auf neue Quellen gestützte Interpretation der Politik von Präsident Roosevelt.*)

Der Zweite Weltkrieg. Analysen, Grundzüge, Forschungsbilanz, hrsg. von Wolfgang Michalka, München und Zürich 1989. (*56 gut ausgewählte Aufsätze zu fast allen Aspekten des Krieges.*)

Wörtliche Zitate wurden entnommen:
Winston S. Churchill, Der Zweite Weltkrieg, Bd. 6: Triumph und Tragödie, 2. Buch, Stuttgart 1954; Max Domarus, Hitler. Reden und Proklamationen 1932–1945, kommentiert von einem deutschen Zeitgenossen, Bd. 2: Untergang (1939–1945), Wiesbaden 1973; Joseph Goebbels, Die Tagebücher. Im Auftr. des Instituts für Zeitgeschichte und mit Unterstützung des Staatlichen Archivdienstes Rußlands hrsg. von Elke Fröhlich, Teil 1: Aufzeichnungen 1923–1941, Bd. 3/II-9, München 1998–2001; Teil 2: Diktate 1941–1945, Bd. 1–15, München 1993–1996; Adolf Hitler, Monologe im Führerhauptquartier 1941–1944. Die Aufzeichnungen Heinrich Heims, hrsg. von Werner Jochmann, Hamburg 1980; Hitlers politisches Testament. Die Bormann Diktate vom Februar und April 1945. Mit einem Essay von Hugh R. Trevor-Roper und einem Nachwort von André Francois-Poncet, Hamburg 1981; Hitlers Weisungen für die Kriegführung 1939–1945. Dokumente des Oberkommandos der Wehrmacht, hrsg. von Walther Hubatsch, 2. Aufl., Koblenz 1983; Hans-Adolf Jacobsen, Der Weg zur Teilung der Welt. Politik und Strategie 1939–1945, Koblenz 1979; Karl Jaspers, Die Schuldfrage. Von der politischen Haftung Deutschlands, München 1996; Michael Salewski, Die deutsche Seekriegsleitung 1935–1945, Bd. 3: Denkschriften und Lagebetrachtungen 1938–1944, Frankfurt a. M. 1973; Albert Speer, Erinnerungen, Berlin 1969; Staatsmänner und Diplomaten bei Hitler. Vertrauliche Aufzeichnungen über Unterredungen mit Vertretern des Auslandes 1939–1941, hrsg. von Andreas Hillgruber, Frankfurt a. M. 1967; Die Weizsäcker-Papiere 1933–1950, hrsg. von Leonidas E. Hill, Frankfurt a. M. 1974; Bundesarchiv Berlin, NS 19/3666: Persönlicher Stab Reichsführer SS, betr.: Hitler in Prag 1939.

Personenregister

C.H.BECK ◼ WISSEN

in der Beck'schen Reihe

Zuletzt erschienen: